Daniel Hell

Die Sprache der Seele verstehen

HERDER spektrum
Band 5191

Das Buch

Die eigene innere Wahrheit finden und so Gott näher kommen: das war der Weg der Wüstenväter, jener frühen christlichen Mönche, die in der Zeit von ca. 300–600 n. Chr. ein Leben in Abgeschiedenheit, Kontemplation und Askese führten. Sie wollten frei werden vom Befangensein in eigenen Wünschen und Ängsten sowie von Besitzansprüchen gegen andere. Das Bemühen um einen gelassenen Umgang mit den Kräften der Seele hat sie zu einer Lebensweisheit geführt, die sich – trotz aller Unterschiede in der Lebensführung – auch in unserer Zeit hilfreich einsetzen lässt.

Der Autor spürt dem Wissen der Wüstenväter nach, das sich aus moderner Sicht als „psychotherapeutisch" bezeichnen lässt. Sie haben keine „Seelenlehre" im heutigen Sinne entwickelt, aber ihr Weg zu emotionaler Ausgeglichenheit – „Reinheit des Herzens" in ihrer Sprache – vermag moderne Ansätze der Psychologie und Psychotherapie neu zu erhellen. Ihre Erkenntnisse zur „lähmenden Unruhe" oder „spirituellen Trägheit" lassen sich nutzen für den Umgang mit dem, was wir heute „depressive Verstimmung" nennen. Sie war den Wüstenvätern Herausforderung und wurde verstanden als Chance, zu seelischer Gelassenheit und innerer Stärke zu gelangen, Eigenschaften also, die in unserer Zeit zunehmender Beschleunigung und Ansprüche von außen aktueller sind denn je. Fast zweitausendjährige Weisheit, fruchtbar gemacht für die Gegenwart von einem erfahrenen Psychiater und Psychotherapeuten: Anregungen zu einer Kunst des Lebens.

Der Autor

Daniel Hell, Prof. Dr. med., ist ordentlicher Professor für Klinische Psychiatrie und Direktor an der Psychiatrischen Universitätsklinik Zürich. Ein Schwerpunkt seiner Tätigkeit liegt auf der Erforschung und Behandlung von Depressionen. Autor verschiedener Sachbücher, u. a. „Welchen Sinn macht Depression?"

Daniel Hell

Die Sprache der Seele verstehen

Die Wüstenväter als Therapeuten

FREIBURG · BASEL · WIEN

Gedruckt auf umweltfreundlichem,
chlorfrei gebleichtem Papier

Originalausgabe

3. Auflage

Alle Rechte vorbehalten – Printed in Germany
© Verlag Herder Freiburg im Breisgau 2002
www.herder.de
Herstellung: fbg · freiburger graphische betriebe 2003
www.fgb.de
Umschlaggestaltung und Konzeption:
R·M·E München / Roland Eschlbeck, Liana Tuchel
Umschlagmotiv: Liana Tuchel
ISBN 3-451-05191-5

Meinen Eltern

„Das ist das Erregende, das Abenteuerliche,
das eigentlich Spannende, dass wir mit den
Menschen, die wir lieben, nicht fertig werden:
Weil wir sie lieben, solange wir sie lieben …
Du sollst dir kein Bildnis machen, heisst es von Gott.
Es dürfte auch in diesem Sinne gelten:
Gott als das Lebendige in jedem Menschen, das,
was nicht erfassbar ist."

(Max Frisch, Tagebuch)

Inhalt

Einführung   11

Kapitel 1
Seelische Einsichten ohne Psychologie   25

Kapitel 2
Der achtsame Umgang mit sich selbst als Mittel
gegen Entfremdung   61

Kapitel 3
Wo Wut zugelassen wird, lässt sich Zorn
überwinden   93

Kapitel 4
Der Umgang mit depressiven Verstimmungen   111

Schluss   143

Anmerkungen   149
Dank   154
Literatur   156

Einführung

Was bringt einen Hochschullehrer der Psychiatrie und Leiter einer schweizerischen Universitätsklinik dazu, sich zu Beginn des 21. Jahrhunderts mit den Ansichten der Wüstenväter auseinander zu setzen, die zu Beginn unserer Zeitrechnung lebten? Den ersten Anstoß dazu erhielt ich durch mein eigenes Fachgebiet. Im Rahmen der Auseinandersetzung mit depressiven Störungen suchte ich nach Vorläufern moderner Konzepte zur Depression und bin auf die sog. *Akedia* gestoßen. *Akedia* ist ein griechischer Begriff und meint auf Deutsch soviel wie „Verdruss", „Mattigkeit" oder „Widerwillen". In der römischen Spätantike wurde er mit „Überdruss" (lat. taedium) oder mit „Angst des Herzens" (lat. anxietas cordis) übersetzt. Damit ist ein Zustand der unruhigen oder angstvollen Bedrücktheit gemeint, der offensichtlich Gemeinsamkeiten mit dem heutigen Begriff der Depression aufweist. Die Vorstellung, an der *Akedia* zu leiden, war insbesondere im Mittelalter sehr verbreitet und trat in Konkurrenz zum älteren griechischen Krankheitsbild der „Schwarzgalligkeit" (griech. Melancholie). Bis in die heutige Zeit hat das traditionelle Denken über die Akedia (als sündhafte Verführung) die Bewertung des depressiven Erlebens beeinflusst, genauso wie die antike Melancholieauffassung tiefe

Einführung

Spuren im modernen Depressionsverständnis hinter-
lassen hat. Gerade christlich erzogene Menschen sind
in ihrer Einschätzung depressiven Leidens häufig
vom alten Konzept der ‚*Akedia*‘ beeinflusst, meist
ohne es bewusst wahrzunehmen.

Die Wüstenväter als Begründer eines Verständnisses der depressiven Verstimmtheit

Der Begriff der ‚*Akedia*‘ – als Ausdruck einer besonderen Depressionsform – geht auf die ersten christlichen Eremiten zurück. Sie führten als Wüstenmönche oder so genannte *Anachoreten* (von griech.
Anachoresis: Zurückgezogenheit) vom 4. bis 6. Jahrhundert nach Christus ein asketisches und hartes
Einsiedlerleben in den Wüstengebieten des Nahen
Ostens. Mit *Akedia* bezeichneten sie eine Art spirituelle Trägheit oder Überdruss, der sie vor allem in den
Mittagsstunden befiel. Schon von Antonius dem Großen, dem wohl bekanntesten Eremiten der ersten Generation, der um 250 – 350 n. Chr. lebte und dessen
Versuchungen in die Geschichte eingegangen sind,
wird berichtet, dass er an *Akedia* litt und in verdrießlicher Stimmung und mit düsteren Gedanken in der
Wüste saß.[1]

Gegen Ende des 4. Jahrhunderts hat dann ein Wüstenvater der dritten Generation, Evagrius Ponticus,
die eigentliche Theorie der *Akedia* als depressiver
Verstimmung entwickelt. Sie wurde für das Mittelalter weitgehend bestimmend.

Allerdings wurde die ursprüngliche Lehre des Evag-

Begründer eines Verständnisses depressiver Verstimmtheit

rius im Laufe der Zeit nicht nur popularisiert, sondern von amtskirchlicher Seite auch gesellschaftspolitisch instrumentalisiert. So mutierte die ursprüngliche Mönchskrankheit *Akedia* zu einer Todsünde der mittelalterlichen Kirchenlehre. Auf depressive Weise träge oder überdrüssig zu sein, wurde zu einem der schlimmsten Laster.

Ein eingehenderes Studium der Schriften von Evagrius Ponticus und der überlieferten Sprüche anderer Wüstenväter macht aber bald deutlich, dass das ursprüngliche Verständnis der *Akedia* keine gesellschaftliche oder religiöse Verurteilung beinhaltet hat, sondern eine tiefe und tiefsinnige Auseinandersetzung mit dem depressiven Erleben darstellt. Sie hat zu Einsichten geführt, die erst viel später von der Psychoanalyse in anderer Form neu entwickelt worden sind. Darüber hinaus stößt man bei der Lektüre der aufgeführten Schriften auf ein Menschenverständnis, das sich gerade von ideologisch geleiteten Beurteilungen abhebt. Die Wüstenväter beschäftigte vor allem die Frage, wie ein einzelner Mensch unter schwierigsten Bedingungen das Leben meistern kann.

Von dieser Haltung angesprochen, wurde mir das von den Wüstenvätern überlieferte Menschenbild zum zweiten und weiterführenden Anstoß für meine Auseinandersetzung mit den frühchristlichen Wüstenmönchen. Mir wurde deutlich, dass das „Depressionskonzept" der *Akedia* nur zu verstehen ist, wenn – neben den zeitbedingten Umständen des frühchristlichen Mönchtums – auch die Grundhaltung mitberücksichtigt wird, welche die Wüstenväter vertreten haben.

Einführung

„Wer bin ich eigentlich?"
Die Grundhaltung der Wüstenmönche

Diese Grundhaltung lässt sich aus den so genannten Vätersprüchen erschließen, einer Sammlung von prägnanten Aussagen und Geschichten herausragender Wüstenmönche. Die Vätersprüche gehören zum ältesten Traditionsgut, das über die Wüstenmönche bekannt ist. Die Sprüche wurden zunächst mündlich weitergegeben, später schriftlich gesammelt und danach vielfach abgeschrieben. Die Überlieferung hat schließlich aus einem riesigen Schatz von Erzählungen und Gedanken der Wüstenmönche die eindrücklichsten Zeugnisse in den „Apophthegmata patrum – Sprüchen der Väter" ausgewählt.

Väter oder *Abbas* (= Vater) wurden jene Mönche genannt, die andere anleiteten und spirituell begleiteten. Diese ehrenvolle Bezeichnung – wie auch die Bezeichnung als Altvater oder Greis – war im Übrigen nicht vom Lebensalter abhängig, sondern von der Reife spiritueller Erfahrung. In analoger Weise wurden spirituell fortgeschrittene Frauen *Amma* (Mutter) genannt.

Die Grundhaltung der Wüstenväter und -mütter ist gekennzeichnet durch ihre persönliche Erfahrung des Eremitenlebens. Ihre wichtigste Frage ist nicht: „Stimmt meine Theorie? Vertrete ich eine theoretisch begründete Wahrheit?" Sondern ihre Grundfrage lautet: „Wer bin ich eigentlich? Was wird mir an mir selber klar, wenn ich mich der Stille und äußeren Reizlosigkeit aussetze?"

Von Abbas Poimen gibt es eine schöne Geschichte,

„Wer bin ich eigentlich?" Grundhaltung der Wüstenmönche

die die Bedeutung der Selbsterfahrung für die Wüstenväter illustriert:

> *„Ein Anachoret, der in seiner Gegend großes Ansehen genoss, besuchte den Altvater Poimen. Der Greis empfing ihn mit Freude, und nachdem sie sich umarmt hatten, begann der Besucher viel über die heilige Schrift und von himmlischen Dingen zu sprechen. Da wandte Abbas Poimen sein Haupt ab und gab ihm keinerlei Antwort. Als der Einsiedler sah, dass er nicht mit ihm sprach, ging er betrübt davon und sagte zu dem Bruder, der ihn hergebracht hatte: ‚Ich habe diese ganze Wanderung umsonst gemacht. Denn ich kam zu dem Greis, aber siehe, er will nicht mit mir reden!' Da ging der Bruder zum Altvater Poimen hinein und sagte: ‚Vater, deinetwegen kam dieser große Mann, der in seiner Gegend ein so großes Ansehen besitzt. Warum hast du denn nicht mit ihm gesprochen?' Der Greis gab zu Antwort: ‚Er wohnt in den Höhen und spricht Himmlisches, ich aber gehöre zu denen drunten und rede Irdisches. Wenn er von den Leidenschaften der Seele gesprochen hätte, dann hätte ich ihm wohl Antwort gegeben. Wenn er aber über Geistliches spricht, so verstehe ich das nicht.' Der Bruder ging nun hinaus und sagte zu dem Einsiedler: ‚Der Greis redet nicht leicht von der Schrift, aber wenn jemand mit ihm von den Leidenschaften der Seele spricht, dann gibt er ihm Antwort.' Er besann sich und ging zu ihm hinein und sprach zu ihm:*

Einführung

> *‚Was soll ich tun, wenn die Leidenschaften der*
> *Seele über mich Macht gewinnen?' Da achtete*
> *der Greis freudig auf ihn und sagte: ‚Jetzt bist*
> *du richtig gekommen, nun öffne einen Mund für*
> *diese Dinge, und ich werde ihn mit Gütern fül-*
> *len.'"* [2]

Wie in dieser Geschichte ausgedrückt, haben sogar religiöse Überzeugungen in den Hintergrund zu treten, um dem eigenen Erleben mitsamt den erfahrenen Nöten Platz zu machen. Deshalb kann Abbas Pastor warnen: „Halte dich fern von Menschen, die immer nur debattieren." [3]

Konsequenterweise haben die Wüstenväter keine systematische Lehre entwickelt, um ihre Einsichten als allgemeine Maximen zu verbreiten. Von Abbas Poimen stammt sogar der provokative Satz: „Den Nächsten belehren ist das Gleiche wie ihn anklagen." [4]

Es ging ihnen also nicht um eine theoretische und generalisierbare Erkenntnis, die in einem System allgemein zugänglich gemacht werden kann. Vielmehr suchten sie der Individualität des einzelnen Menschen und seinen Erfahrungsmöglichkeiten gerecht zu werden. Auch dazu gibt es eine schöne Geschichte:

> *Altvater Poimen fragte einmal den Altvater Jo-*
> *sef: „Was soll ich tun, wenn die Leidenschaften*
> *an mich herankommen? Soll ich ihnen widerste-*
> *hen oder sie eintreten lassen?" Der Greis sagte*
> *zu ihm: „Lass sie eintreten und kämpfe mit ih-*
> *nen!" In die (Wüste) Sketis zurückgekehrt, setzte*

er sich hin. *Und es kam einer von den Thebäern (aus Theben) in die Sketis und sagte zu den Brüdern: „Ich fragte den Abbas Josef: ‚Wenn die Leidenschaften mir nahe kommen, soll ich widerstehen oder sie einlassen?' Und er sagte mir: ‚Lass sie ganz und gar nicht hereinkommen, sondern haue sie auf der Stelle aus!' Der Altvater Poimen hörte, dass der Abbas Josef so zum Thebäer gesprochen hatte. Er machte sich auf und ging zu ihm nach Panepho und sagte zu ihm: „Vater, ich habe dir meine Gedanken anvertraut, und siehe, du hast zu mir so gesprochen, aber anders zu dem Thebäer." Der Greis gab zur Antwort: „Weißt du nicht, dass ich dich liebe?" Er sagt: „Ja!" Der Alte: „Sagtest du nicht zu mir: Wie zu dir selber so sprich zu mir?" Er antwortete: „So ist es!" Da sprach der Greis: „Wenn die Leidenschaften eintreten und du ihnen gibst und von ihnen nimmst, so werden sie dich bewährter machen. Ich habe aber zu dir gesprochen, wie zu mir selbst! Es gibt aber andere, denen es nicht frommt, dass die Leidenschaften an sie herankommen. Sie haben es nötig, sie auf der Stelle abzuschneiden."* [5]

Die Wüstenväter als „therapeutische" Berater

Die Abneigung gegenüber Lehrsystemen und die Betonung der individuellen Erfahrungstiefe erklärt, warum es keine psychologische Lehre der Wüstenväter gibt. Dennoch wurden die Wüstenväter zu vielge-

Einführung

suchten Beratern. Nach und nach entwickelte sich sogar ein Touristenstrom aus den Hauptstädten des untergehenden römischen Reiches, um ein Wort von ihnen zu erhaschen. Die bedeutsamere „therapeutische" Tätigkeit der Wüstenväter geschah aber im Stillen. Die Wüstenmönche suchten sich gegenseitig auf, um Erfahrungen miteinander auszutauschen. Vor allem jüngere, die am Beginn ihres Eremitenlebens standen, suchten Rat bei erfahreneren *Abbas*. Mit der Zeit nahmen die älteren Wüstenväter zunehmend auch jüngere Eremiten bei sich auf, um sie auf ihrem Weg der Selbstfindung zu begleiten. Daraus entwickelte sich eine „Psychotherapie des Wortes", die nicht theorieorientiert, sondern auf die Person und Situation des jeweiligen Rat suchenden Menschen ausgerichtet ist. Das „Wort" wird nicht begrifflich verstanden, sondern ist Ant-wort auf eine spezifische Frage. Mit Sophistik oder Redegewandtheit hat diese therapeutische Mittlertätigkeit nichts zu tun.

Wohl zu Recht betonen Gertrude und Thomas Sartory, die eine sehr lesenswerte Einführung zu den Vätersprüchen geschrieben haben (Lebenshilfe aus der Wüste, Herder, 1980): Der Abbas verkündet keine Lehren. Aber wenn ein suchender, ein ringender Mensch mit einer Frage zu ihm kommt, dann kann es geschehen, dass dem Altvater das weisende, zurechtrichtende Wort geschenkt wird. Wenn ein Abbas spricht, handelt es sich um eine erbetene Rede. Unaufgefordert spricht er nicht. „Er kann das Wort nicht ‚ergreifen', es ist ihm nicht verfügbar: Es stellt sich in ihm ein. Oder es stellt sich eben nicht ein. Dann schweigt er."[6]

Die Wüstenväter als „therapeutische" Berater

> *Ein Bruder kam zum Altvater Ammoes, um von ihm einen Spruch zu erbitten. Er blieb bei ihm sieben Tage, aber der Greis gab ihm keine Antwort. Als er ihn fortschickte, sagte er zu ihm: „Geh und habe selber auf dich Acht! Denn zur Zeit sind meine Sünden eine finstere Wand zwischen mir und Gott."[7]*

Es ist diese sehr persönliche und im wahrsten Sinne empirische Haltung, die das Selbstverständnis und das therapeutische Verfahren der Wüstenväter charakterisiert. Es gibt keine persönliche Erkenntnis außerhalb der selbst gemachten Erfahrung.

Deshalb misstrauen die Wüstenväter einem Wissen, das nicht von innen heraus kommt, sondern hauptsächlich auf fremder Beobachtung basiert. Amma Synkletika, einer der seltenen Wüstenmütter, wird das Wort zugesprochen:

> *„Es ist gefahrvoll, wenn einer lehren will, der nicht durch das tätige Leben hindurch gegangen ist. Wie wenn einer, der ein baufälliges Haus hat, Gäste aufnimmt und sie durch den Einsturz des Hauses beschädigt, so richten auch diejenigen, die sich nicht selbst zuerst auferbaut haben, jene zugrunde, die sich ihnen anschließen. Mit den Worten rufen sie zum Heile, durch die Schlechtigkeit des Wandels fügen sie den Kämpfern Unrecht zu."[8]*

Schon Antonios, der Kirchenheilige, warnte vor hilflosen Helfern, die andern Therapien anbieten, bevor sie selbst innere Klarheit gefunden haben:

Einführung

> *„Die Altväter der Vorzeit begaben sich in die*
> *Wüste und machten nicht nur sich selber ge-*
> *sund, sondern wurden auch noch Ärzte für an-*
> *dere. Wenn aber von uns einer in die Wüste geht,*
> *dann will er andere früher heilen als sich selbst.*
> *Und unsere Schwäche kehrt zu uns zurück und*
> *unsere letzten Dinge werden ärger als die ersten,*
> *und daher heißt es für uns: Arzt, heile dich vor-*
> *her selber!"* [9]

Wenn das therapeutische Wort nicht durch die eigene
Erfahrung abgestützt ist, läuft es Gefahr, zur bloßen
Rede zu verkommen, statt Wirkung zu erzeugen, indem es zum Handeln aufruft. Die Haltung der Wüstenväter ist nie passiv-rezeptiv. Sie entspricht keiner
Verkäufermentalität und keiner Konsumhaltung, die
davon ausgeht, das Glück billig kaufen zu können.
Abbas Jakob sagte: „Man braucht nicht nur Reden.
Denn es gibt viele Reden unter den Menschen in dieser Zeit. Was nottut, ist die Tat. Das wird gesucht und
nicht Reden, die keine Frucht tragen." [10]

Oftmals erscheint es den *Abbas* deshalb auch an-
gezeigt, lieber zu schweigen und dadurch den um Rat
Bittenden zum eigenen Suchen herauszufordern, als
wortgläubige Fragesteller vorschnell mit dem ge-
wünschten Gut zu befriedigen. Diese „therapeutische
Haltung" widerspricht dem Machbarkeitsdenken im
modernen Gesundheitswesen, das den leidenden
Menschen als Kunden behandelt, der schnellstmög-
lich mit den kostengünstigsten Mitteln zufriedenge-
stellt werden soll. Sie kommt aber einer Auffassung
entgegen, die in den letzten Jahren unter dem Begriff

der „Salutogenese" an Bedeutung gewonnen hat. Bei diesem Konzept wird der leidende Mensch weniger als behandelbares „Objekt" gesehen denn als individuelle Person mit eigenen Kraft- und Heilungs-Ressourcen, die es therapeutisch zu unterstützen gilt.

Die therapeutische Haltung der Wüstenväter: eine Herausforderung für die heutige Zeit

Die größte Herausforderung der Wüstenväter an unsere Zeit und an die moderne Psychotherapie stellt aber die Radikalität dar, mit der sie die Selbsterfahrung in den Mittelpunkt stellen. Es gibt für die Wüstenmönche auf dem Weg zum gesunden Leben keine Abkürzung. Auch wenn sie kulturell verbreitete Techniken (wie Askese, Einsamkeit oder Enthaltsamkeit) zu Hilfe nehmen, um an ihrer Passion nicht irre zu werden, sind sie sich der Notwendigkeit der geduldigen Selbstbesinnung bewusst.

Die Konsequenz ihrer Haltung beeindruckt heute umso mehr, als unsere technisch-wissenschaftliche Welt tausend Spielarten der Manipulierbarkeit des Leidens und ebenso viele Möglichkeiten der Ablenkung von der eigenen Leere kennt. Vielleicht berühren die überlieferten *Apophthegmen* (Worte der Väter, Aussprüche der Wüstenmönche) aber gerade deshalb so stark, weil sie auf etwas aufmerksam machen, das in der stärker instrumentalisierten Lebensführung der Spätmoderne verloren zu gehen droht. Darauf hat auch einer der unerbittlichsten Philosophen der Moderne, Emil Cioran, aufmerksam ge-

Einführung

macht: „Gesegnet war die Zeit, als Einsame ihre Abgründe erproben konnten, ohne als Besessene oder Gestörte zu gelten. Ihr Mangel an Gleichgewicht wurde nicht negativ bewertet, wie es bei uns der Fall ist. Sie opferten zehn, zwanzig Jahre, ein ganzes Leben einer Ahnung, einem Blitz des Absoluten zuliebe."[11]

Die „therapeutische Haltung" der Wüstenväter ist für die moderne Medizin nicht einfach zurückzugewinnen. Sie stammt aus einer anderen Zeit und hat ihren eigenen kulturellen Hintergrund. Doch bleiben die Einsichten der Wüstenväter für die heutige Zeit insofern gültig, als sie spezifisch menschliche Züge tragen. „Entkleidet man die auf den ersten Blick oft außergewöhnlichen Erfahrungen der Anachoreten und Mönche ihres lokalen und zeitgebundenen Kolorits, dann schält sich leicht ein Kern heraus, den jeder als ein ureigenes Erleben identifizieren kann", schreibt Gabriel Bunge.[12] Dieser Kern berührt vor allem existentielle Fragen der Selbstsuche und der Identitätsbildung.

Die Frage nach der eigenen Identität – die Konfrontation mit sich selbst – kommt bei den Wüstenvätern besonders rein zum Ausdruck, weil sie als besitzlose Eremiten nicht von der Auseinandersetzung um materiellen Besitz und gesellschaftliche Stellung abgelenkt worden sind. Gerade die Grundfrage menschlicher Existenz beschäftigt aber heute immer mehr Menschen, die ihren persönlichen Weg finden wollen. Auch moderne Therapieversuche kommen nicht darum herum, Grundfragen der Selbstfindung zu thematisieren. So genannte narzisstische und Borderline-

Die therapeutische Haltung der Wüstenväter

Persönlichkeitsprobleme (die sich durch instabile Selbstbilder und Beziehungsformen auszeichnen) stellen nur die Spitze des Eisberges dar, der aus dem Meer von Depressionen und Angststörungen herausragt. Sie zeigen das Problem der Selbstfindung moderner Menschen aber besonders deutlich auf.

Diese Sachlage mag begründen, warum gerade viele moderne Menschen vom „anarchischen Ideal der Wüste" (Thomas Merton), das die Wüstenmönche zu verwirklichen suchten, angesprochen werden. Sie finden darin einen Ausdruck der Widerstandskraft, die der aufrichtigen Selbsterfahrung eigen ist. Das Ernstnehmen des subjektiven Erlebens widersetzt sich der gesundheitspolitischen Korrektheit, die bei der Auswahl von Behandlungsverfahren den Einzelnen dem Gesetz der Mehrheit unterstellt.

Die Lektüre der Wüstenväter hat mich angeregt, das therapeutische Element ihres Vorgehens in heute verständliche Form zu bringen. Im ersten Teil des vorliegenden Buches soll zunächst der kulturelle und historische Hintergrund der Lebensführung der Wüstenväter kurz dargestellt werden. Darauf aufbauend soll das „anarchische" Ideal der Wüstenväter und seine Bedeutung für ihr „therapeutisches" Vorgehen zur Sprache kommen.

Es geht den Wüstenmönchen darum, jeglicher Selbstentfremdung entgegenzuwirken und sich möglichst ganz zu erfahren. Ein solches Ideal hat viel mit Heilung zu tun, aber nicht im modernen Sinne der Symptombeseitigung oder der Verbesserung der Anpassungsfähigkeit, sondern im ursprünglichen Sinn von Heil-Sein als unversehrt, ganz oder gesund sein,

Einführung

so wie man heilfroh, d. h. ganz und gar froh, ist. Ein Ziel dieses Buches ist es denn auch, das Wissen der Wüstenväter für heutige Menschen neu zugänglich und fruchtbar zu machen. So beleuchten der zweite und der dritte Teil emotionale Probleme, die durch Beschämung und Verärgerung entstehen, aus der Sicht der Wüstenväter wie auch heutiger Psychologie.

Im letzten Teil soll die Erfahrung der besonderen Depressionsform *Akedia* als Beispiel herangezogen werden, um das Problembewusstsein der Wüstenväter und ihren Umgang mit grundlegenden existentiellen Schwierigkeiten zu illustrieren. Während die moderne Psychiatrie in der depressiven Verstimmung einen krankhaften Prozess vermutet, der möglichst umgehend zu beseitigen ist, sieht der Schriftsteller unter den Wüstenvätern, Evagrius Ponticus, in der *Akedia* hauptsächlich eine Herausforderung. „Wer an diesen Punkt (d. h. in die Depression, D. H.) gerät, setzt, je nach dem wie er sich verhält, seinen Fuß entweder auf einen Weg, der ihn zum Tode führt, unmittelbar oder erst im Laufe der Zeit, oder einen Weg zum Leben. Eine Depression kann das Ende bedeuten oder den Anfang zu wahrem Leben." [13]

KAPITEL 1

Seelische Einsichten ohne Psychologie

Das Experiment der Wüstenmönche

Die christlichen Eremiten oder *Anachoreten* (griech. Anachorese = sich von der Welt zurückziehen) waren oft ägyptische Bauern, die der Schrift nicht mächtig waren. Sie zogen sich in unbewohnte Gegenden und in die Wüste zurück, um sich in Einsamkeit und Stille ganz der inneren Wahrheit auszusetzen. Nichts sollte sie davon ablenken, auf das eigene Herz zu hören: kein Besitz, keine Gesellschaft, keine Abhängigkeit. Sie waren, um das Wort *Anachoret* salopp, aber nicht falsch zu übersetzen, „Aussteiger".

Als das Christentum zu Beginn des 4. Jahrhunderts zur Staatsreligion wurde und sich alte Herrschaftsfamilien der Kirchenorganisation bemächtigten, fühlten sich offenbar immer mehr Menschen gedrängt, nach einer ursprünglicheren Form der religiösen Erfahrung zu suchen. Sie fanden sie nach dem Vorbild von Antonius – einem Sohn wohlhabender Eltern, der sich 20-jährig in die ägyptische Wüste zurückgezogen hatte – an wüstenähnlichen Orten. Fern von gesellschaftlichen und familiären Zwängen setzten sie sich ganz den eigenen Gedanken und Gefühlen aus, um das zu finden, was als Umfassendes hinter allen Vor-

25

Seelische Einsichten ohne Psychologie

stellungen und Emotionen steht und sie begründet. Zu Hunderten, schließlich zu Tausenden zogen Männer und vereinzelt auch Frauen in die Wüsten Ägyptens und Syriens, um den Urwunsch vieler Menschen wahr zu machen: „bei sich selber zu sein". Die einen lebten als Einsiedler ganz auf sich gestellt, andere in kleinen Eremitenkolonien. Es bildete sich nach und nach eine Bewegung von Aussteigern und Einzelgängern, die als Mönche (*Monachos*, griech.: allein, in sich geeint) abgelegene Orte besiedelten und insbesondere an Sonntagen miteinander Kontakt pflegten und zusammen Eucharistie feierten. Dank dieser Bewegung waren die „Aussteiger" nicht allein auf sich gestellt, sondern konnten sich gegenseitig beraten. So entwickelte sich eine gemeinsame Kultur der asketischen Lebensführung. Auch wenn später – nach der ersten Klosterbildung durch Pachomius im Jahr 323 n. Chr. – die gemeinschaftliche Organisation immer mehr in den Vordergrund rückte, war für die ersten Wüstenmönche weniger die Gemeinschaftserfahrung wichtig als das Erleben in der Abgeschiedenheit. Um das außerordentlich harte Wüstenleben zu überstehen und das Ziel des Mit-sich-selbst-Einsseins anzustreben, setzten sie das Mittel der Askese ein. Durch Verzicht selbst auf geringste Konsum- und Besitzgüter sollte alles fern gehalten werden, was der Grund- oder Gotterfahrung entgegensteht.

Im Brief des Paulus an die Hebräer (11, 37–38) werden alttestamentliche Eremiten auf eine Weise charakterisiert, die auch auf die Wüstenväter zutreffen dürfte: „Sie sind umher gegangen in Schafpelzen und Ziegenfellen, mit Mangel, mit Trübsal, mit Unge-

Das Experiment der Wüstenmönche

mach (deren die Welt nicht wert war), und sind im Elend umhergeirrt in den Wüsten, auf den Bergen und in den Klüften und Löchern der Erde." Dieses Zitat scheint insofern realistisch, als es aus einer Zeit stammt, die sich noch unmittelbar ein eigenes Bild von der Wirklichkeit des Eremitentums machen konnte.

„Allein-sein als ungezähmtes Abenteuer, Religion als elementare Begegnung mit dem Älteren, der im sokratischen Umgang mit sich selbst etwas mehr Erfahrung hat ...". So fasst Hans Conrad Zander[1] die frühe Bewegung der Wüstenmönche zusammen. Dass in dieser subkulturellen Bewegung auch „heilige Verbrecher" (wie der frühere Räuberhauptmann Moses) und manche andere dissoziale Aussteiger eine Art Heimat fanden, wurde nicht nur durch den Abstand der in der Wüste verstreuten Mönchszellen voneinander erleichtert. Auch das anarchische Ideal der Wüstenmönche trug dazu bei, dass sich der Kreis der Wüstenmönche zu einem sehr bunten Völkchen entwickelte, in dem unterschiedlichste Charaktere Platz fanden.

Hans Conrad Zander hat in anregender und unterhaltender Weise eine Geschichte der Wüstenväter geschrieben. Darin wird mit Hinweisen auf finanzielle, rechtliche und familiäre Gründe nicht gespart, die spätere Wüstenmönche veranlasst haben, sich dem Zugriff der Gesellschaft zu entziehen. Die Anziehungskraft der Wüstenväter erschöpft sich aber nicht in der mönchischen Gegenbewegung gegen eine verpflichtende Gesellschaft. „Ich und du und alle Menschen, wir sind einander verbunden durch die denk-

Seelische Einsichten ohne Psychologie

bar stärksten Bande menschlicher Gesellschaft und Gemeinschaft – am stärksten aber verbindet uns, paradoxerweise, das gemeinsame Empfinden, dass in jedem von uns etwas ist, was nicht gesellschaftlich, sondern göttlich, einzigartig und unantastbar ist ..."[2] Diesem Erleben gilt das Experiment der ersten christlichen Eremiten, die sich in die Wüste zurückzogen, um ganz zu sich zu kommen. So beginnt denn auch der Bericht über Antonius, der zwar nicht als erster, aber als berühmtester Wüstenmönch Abschied von der häuslichen Gemeinschaft genommen hat und dessen Biographie, von Athanasius erzählt, zum größten Bestseller der Spätantike geworden ist – vergleichbar dem abenteuerlichen Bericht von Daniel Defoe über den schiffbrüchigen Inselbewohner Robinson Crusoe in der Moderne:

Um das Jahr 200 n. C. verkaufte der 20-jährige Antonius sein Erbe und zog an den Rand der Wüste, nachdem er das bekannte Wort Jesu gehört hatte: „Geh, verkaufe, was du hast, gib das Geld den Armen, und du wirst einen bleibenden Schatz im Himmel haben; dann komm und folge mir nach!" (Mk 10,21). Nachdem er sich in ein verlassenes Kastell eingeschlossen hat, ist er mit seinem Inneren konfrontiert. Die Leute, die am Kastell vorbeikommen, hören Antonius laut schreien. Sein Geschrei ist Ausdruck eines Kampfes mit dem, was ihm in Abgeschiedenheit in und außer sich begegnet. Als schließlich die Leute sein Kastell gewaltsam aufbrechen, da sie um Antonius fürchten, kommt ihnen ein ruhiger

*und innerlich gestärkt wirkender Mann entge-
gen. Athanasius hat ihn in seiner berühmten Le-
bensbeschreibung folgendermaßen charakterisiert: „Die Verfassung seines Innern war rein,
denn weder war er durch den Missmut grämlich
geworden noch in seiner Freude ausgelassen,
auch hatte er nicht zu kämpfen mit Lachen oder
Schüchternheit; denn der Anblick der großen
Menge brachte ihn nicht in Verwirrung, man
merkte aber auch nichts von Freude darüber,
dass er von so vielen begrüßt wurde. Er war vielmehr ganz Ebenmaß, gleichsam geleitet von seiner Überlegung, und sicher in seiner eigentümli-
chen Art."* [3]

Nicht ohne Grund, ist das Ideal der Wüstenväter
durch die Jahrtausende immer wieder neu entdeckt
worden. Generationen von Malern, von Hieronymus
Bosch bis hin zu Salvador Dalí, wurden von den Versuchungen des heiligen Antonius angezogen. Dichter
wie Gustave Flaubert oder Rainer Maria Rilke waren
von den überlieferten Aussagen der Wüstenmönche
begeistert. Kirchliche und kulturelle Reformbewe-
gungen haben in unterschiedlicher Weise auf die
Wüstenväter Bezug genommen, so die cluniazensi-
sche Klosterreform im 10. und 11. Jahrhundert, aber
auch der Reformator Martin Luther und im 20. Jahrhundert die New-Age-Bewegung.

Sind das Seelenverständnis der Wüstenväter und
moderne Psychologie vereinbar?

Was aber ist aus den inneren Einsichten der Wüstenväter auf dem Gebiet der Psychologie und Psychiatrie
geworden? Hat auch hier eine Rezeption stattgefun-
den oder ist dieser Schatz erst noch zu bergen?

Das anarchische Ideal der Wüste verträgt sich
schlecht mit einer psychologischen Lehre, die das
menschliche Verhalten und Erleben festlegen und
erklären will. Die Einmaligkeit des Menschen, die
Vorstellung einer göttlichen Seele widerstrebt der
Einordnung in eine wissenschaftliche Typologie oder
der Eingliederung in ein statistisches Durchschnitts-
maß. Schon deshalb können die Wüstenväter nicht
im heutigen Sinne als Psychologen bezeichnet werden. Noch ferner steht ihnen eine psychiatrische
Krankheitslehre, wie unsere heutige, die auf dem
Denken der Aufklärung basiert und seelische Probleme als Störungen des Hirnstoffwechsels interpretiert.

Trotzdem sind auch in Psychologie und Psychiatrie Spuren eines anarchischen Wüstenideals enthalten, jenes „reinigenden Feuers", das auf die zentrale
Bedeutung der individuellen Erfahrung nicht verzichten mag und der beobachtenden Perspektive von außen das Primat des eigenen Erlebens entgegensetzt.
Solche Spuren lassen sich in tiefenpsychologischen
und humanistischen Ansätzen erahnen und sind auch
der Psychoanalyse nicht fremd. Sie sind immer da zu
vermuten, wo die Widerständigkeit des Subjekts beachtet wird und die therapeutische Behandlung nicht

Seelenverständnis und moderne Psychologie

darauf abzielt, die Persönlichkeit sozialen Zwängen unterzuordnen, sondern sie zu stärken.

Die Wüstenväter setzten sich der Wildnis und dem Alleinsein aus. Das erfordert Mut: Man tritt ungeschützt sich selbst gegenüber. Ein solcher Schritt setzt – bei aller vielleicht vorhandenen Not und Verzweiflung – ein Grund- oder Gottvertrauen voraus, mithin die Überzeugung, dass die menschliche Person auf einer tragenden Basis ruht. Dieser Mut ist Bedingung für das Erfahren einer eigenen Wirklichkeit und setzt voraus, dass man äußere Haltepunkte wie z. B. eine soziale Verankerung loslässt.

Das Eigentliche, das den Menschen ausmacht, ist schwer in Worte zu fassen. Aber es macht einen großen Unterschied, ob das Selbstverständnis eines Menschen von einer inneren seelischen Erfahrung ausgeht oder bloß auf äußeren Beobachtungen und sozialen Wertvorstellungen beruht. Der zweite Fall, mithin die Betonung der Außenperspektive, kann dazu führen, dass sich ein Mensch nur als Objekt sozialer und materieller Vorgänge sieht.

Im ersten Fall, der vom inneren Erleben ausgeht, steht das Seelische als Fundament des Menschen nicht zur Diskussion. Es wird in der religiösen Sprache der Wüstenväter zum göttlichen Keim im Menschen. Das Seelische kann weder analysiert noch in Teile oder „Funktionseinheiten" aufgelöst werden. Es stellt Anfang und Ende der menschlichen Selbsterfahrung dar. Eine Psychologie im modernen Sinne lässt sich mit einem solchen Seelen- und Menschenverständnis nicht entwickeln.

Aber es ergeben sich daraus Einsichten, die die Le-

Seelische Einsichten ohne Psychologie

bensführung der Menschen tief beeinflussen können. In diesem ganz anderen Sinne können die Wüstenväter, allen voran Abbas Simeon, als vorbildliche Psychologen bezeichnet werden. Sie sind, wie beispielhaft Evagrius Ponticus, Anatomen der Gemütsbewegungen, die aber nicht der Seele eine Störung zuschreiben, sondern die menschliche Problematik auf eine Verwirrung des Denkens und auf eine Trübung der Wahrnehmung durch Leidenschaften zurückführen. Dies scheint mir die große Entdeckung der Wüstenväter zu sein: dass sie die menschlichen Probleme nicht im seelischen Erleben suchen, sondern in den Gedanken und den Leidenschaften, die durch Wunschvorstellungen oder Befürchtungen entstehen.

In einer Geschichte, die von den Wüstenvätern überliefert ist, wird die Seele mit einem stehenden Wasser verglichen. Wenn die Oberfläche des Wassers z. B. durch Winde aufgeraut wird, ist die Tiefe nicht zu erkennen. Auch ist es dann nicht möglich, sich im Wasser zu spiegeln. Auf die Seele übertragen, meint das: Wenn Gedanken und damit einhergehende emotionale Ansprüche einen Menschen beunruhigen, kann er sich in seinem Grund, in seiner Seele nicht erkennen. Erst wenn das Wasser klar und ruhig ist, wird es möglich, sich darin zu spiegeln und gleichzeitig in die Tiefe zu schauen.

Drei Studierende, die sich liebten, wurden Mönche, und jeder von ihnen nahm sich ein gutes Werk vor. Der Erste erwählte dies: Er wollte Streitende zum Frieden zurückführen ... Der Zweite

Seelenverständnis und moderne Psychologie

wollte Kranke besuchen. *Der Dritte ging in die Wüste, um dort in Ruhe zu leben. Der Erste, der sich um die Streitenden mühte, konnte doch nicht alle heilen. Und von Verzagtheit übermannt, ging er zum Zweiten, der den Kranken diente, und fand auch den in gedrückter Stimmung; denn auch er konnte sein Vorhaben nicht ganz ausführen. Sie kamen daher beide überein, den Dritten aufzusuchen, der in die Wüste gegangen war, und sie erzählten ihm ihre Nöte und baten ihn, er möge ihnen aufrichtig sagen, was er gewonnen habe. Er schwieg eine Weile, dann goss er Wasser in ein Gefäß und sagte ihnen, sie sollten hineinschauen. Das Wasser war aber noch ganz unruhig. Nach einiger Zeit ließ er sie wieder hineinschauen und sprach: „Betrachtet nun, wie ruhig das Wasser jetzt geworden ist." Und sie schauten hinein und erblickten ihr Angesicht wie in einem Spiegel. Darauf sagte er weiter: „So geht es dem, der unter den Menschen weilt: Wegen der Unruhe und Verwirrung kann er seine Sünden nicht sehen (das meint, sich selbst in seinen Schwierigkeiten nicht annehmen, D. H.). Wer sich aber ruhig hält und besonders in der Einsamkeit, der wird bald seine Fehler einsehen."* [4]

Die mitleidlose Selbstbeobachtung in Abgeschiedenheit und Stille hat die Wüstenmönche davor bewahrt, das seelische Erleben als solches zu problematisieren. Die aufmerksame Selbstbeobachtung hat sie vielmehr gelehrt, die einschießenden Gedanken als Probleme wahrzunehmen und in ihnen die Ursachen ihrer Verstimmungen und Leidenschaften zu sehen.

Unangenehme Gefühle und bedrängende Gedanken

Gedanken können nicht erlebt werden. Sie gehören einer anderen Dimension an als Gefühle, die direkt „mit Herz und Seele" erfahren werden. Diese Entdeckung mag den Wüstenmönchen leichter gefallen sein, da sie zu Beginn unserer Zeitrechnung einem hörenden Vernehmen der Gedanken noch näher standen, als wir das tun. Wenn wir für einen Augenblick Gedanken mit von außen kommenden Stimmen vergleichen (und nach der ernst zu nehmenden Theorie von William Jaymes davon ausgehen, dass Menschen vor der antiken Kulturwende Gedanken mehr vernommen als selber gebildet haben), so wird besser verständlich, dass die Wüstenväter den Gedanken einen unpersönlichen Charakter zuschreiben konnten. Gedanken gehören nicht zu ihrem Eigensten. Sie stoßen ihnen zu, so wie wir noch heute sagen: „Da fällt mir ein!" oder „In dieser Situation hat sich mir der Gedanke aufgedrängt ..."

Dieses Aufmerksamwerden auf Gedanken, das einem Aufhorchen nahe kommt, hat die Wüstenväter dazu geführt, Gedanken – wie andere Wahrnehmungen – qualitativ voneinander zu unterscheiden. Wie sich (mit dem Geschmackssinn) bitter und süß, (mit dem Tastsinn) rau und glatt oder (mit dem Gesichtssinn) dunkel und hell unterscheiden lassen, sind für

Unangenehme Gefühle und bedrängende Gedanken

die Wüstenväter Gedanken entweder (moralisch) böse oder gut bzw. (religiös) dämonisch oder heilig. Diese moralisch-religiöse Differenzierung ist uns umso fremder geworden, als wir Gedanken immer weniger als Perzeptionen oder sinnliche Eindrücke wahrzunehmen gewohnt sind und immer mehr davon ausgehen, dass wir unsere Gedanken selber machen. Erst einzelne neurobiologische Ansätze der letzten Jahre vergleichen Gedanken wieder mit unpersönlichen Informationseinheiten, die untereinander darum kämpfen, auf das Verhalten eines Menschen Einfluss zu nehmen. Während aber die moderne evolutionsbiologische Lehre den Menschen und sein Denken als Produkt des Zufalls betrachtet, haben die Wüstenväter in der Auseinandersetzung mit den sie bedrängenden Gedanken ein nötiges und sinnvolles Geschehen gesehen. Sie sprechen in diesem Zusammenhang von „Versuchungen", die sie zu bestehen hatten. Zu den eindruckvollsten Dokumenten gehören jene Vätersprüche, die den Versuchungen einen Sinn abzuringen suchen.

> *Ein Bruder kam zum Altvater Poimen und sagte: „Vater, ich habe vielerlei Gedanken und komme durch sie in Gefahr." Der Altvater führte ihn ins Freie und sagte zu ihm: „Breite dein Obergewand aus und halte die Winde auf!" Er antwortete: „Das kann ich nicht!" Da sagte der Greis zu ihm: „Wenn du das nicht kannst, dann kannst du auch deine Gedanken nicht hindern, zu dir zu kommen. Aber es ist deine Aufgabe, ihnen zu widerstehen!"* [5]

Seelische Einsichten ohne Psychologie

Ein anderer Altvater sprach: „Nicht weil uns schlechte Gedanken einfahren, werden wir ihretwegen verdammt, sondern wenn wir sie schlecht gebrauchen. Denn es ist so, dass wir durch Gedanken sowohl Schiffbruch leiden können, wie auch, dass wir durch Gedanken gekrönt werden können." [6]

Der Altvater Antonius sprach zum Altvater Poimen: „Das ist das große Werk des Menschen, ... dass er mit Versuchung rechne bis zum letzten Atemzug." Derselbe sagte: „Keiner kann unversucht ins Himmelreich eingehen. Nimm die Versuchungen weg und es ist keiner, der Rettung findet." [7]

Besonders eindrücklich ist die Geschichte über Altvater Johannes Kolobos: Er rief Gott an, und die Leidenschaften wurden von ihm genommen, und er war ohne Sorgen. Er ging fort und sagte zu einem Greis: „Ich stelle fest, dass ich in Ruhe bin und keine Anfechtung mehr habe." Der Greis sprach zu ihm: „Geh und rufe Gott an, dass ein Feind gegen dich aufsteht, und so auch die alte Zerknirschung und Demut, die du früher hattest (wieder zurückkehrt!). Denn gerade durch die Anfechtung macht die Seele Fortschritte." Er bat also, und als der Feind kam, betete er nicht mehr, dass er von ihm befreit werde, sondern sagte: „Gib mir Geduld, Herr, in den Kämpfen!" [8]

Unangenehme Gefühle und bedrängende Gedanken

Wie aber unterscheiden die Wüstenväter gute von schlechten Gedanken? Schließlich bieten ja unpersönliche Gedanken kein sicheres Kriterium an, um zu entscheiden, was für einen bestimmten Menschen gut oder schlecht ist. Auch die Sagenwelt kennt das Motiv, dass sich der Wolf in einen Schafspelz kleidet oder der Teufel heilige Sprüche macht. Die Apophthegmen sind reich an Geschichten, die diese Thematik behandeln:

> *Einst erschien der Teufel einem Bruder verwandelt in einen Engel des Lichtes und sprach zu ihm: „Ich bin der Engel Gabriel und zu dir gesandt!" Jener aber entgegnete: „Siehe, ob du nicht zu einem anderen geschickt wurdest; denn ich bin nicht würdig, dass ein Engel zu mir geschickt würde." Sofort verschwand der Teufel.*[9]

Das vernommene Wort trägt also kein Gütesiegel in sich. Es schafft keine Garantie dafür, dass es einem Menschen wirklich nützt, selbst wenn das „Wort" – wie in den Versuchungen Jesu in der Wüste – der Bibel entnommen ist. Entscheidend ist die Haltung hinter den Worten, die Einstellung oder Einstimmung, in die das Gedachte oder Gesagte eingebettet ist. Alles entscheidend ist, ob die vermittelte Botschaft für den betroffenen Menschen auch stimmig ist. Stimmig ist sie aber nach Auffassung der Wüstenväter dann, wenn sie beim Vernehmenden eine innere Ruhe bewirkt. Führt das, was gedacht oder vernommen worden ist, zu einem inneren Gehetztsein, so „stimmt" das Vernommene oder Gedachte für den Betroffenen nicht, auch wenn es noch so beeindruckend in seiner Logik

Seelische Einsichten ohne Psychologie

oder seiner Poesie ist. Weil aber das vernommene Wort keine Garantie ist, Gutes zu bewirken, braucht es die Gabe der Unterscheidung, die nicht eine Qualität des Denkens, sondern des Herzens ist. Ein *Apophthegma* lautet: „Wo du siehst, dass deine Seele Ruhe hat und keinen Schaden erleidet, dort lass dich nieder."[10]

> *Evagrius Ponticus empfiehlt in einem Brief an einen Rat Suchenden: „Sei ein Türhüter deines Herzens und lass keinen Gedanken ohne Befragung herein. Befrage einen jeden Gedanken (einzeln) und sprich zu ihm: „Bist du einer der unseren oder einer unserer Gegner? Und wenn er zum Hause gehört, wird er dich mit Frieden erfüllen. Wenn er aber des Feindes ist, wird er dich durch Zorn verwirren oder durch eine Begierde erregen."[11]*

Erst wo sich eine Person authentisch und frei fühlt, stimmt auch das Gedachte oder Vernommene für ihn. Genau genommen ist deshalb ein Gedanke nicht generell gut oder schlecht, sondern er ist nur insofern gut oder schlecht, als er eine entsprechende Wirkung zeitigt. Das Gütekriterium liegt also nicht im Gedanken selbst – etwa in der Poesie eines schönen Satzes oder in der schlagenden Logik eines Argumentes –, sondern in der Wirkung, die er auf einen Menschen hat.

Letztes Kriterium ist – in der Sprache der Wüstenväter gesagt – die „Herzensruhe". Mit „Herzensruhe" oder auch einem „reinen Herzen" ist eine innere Zufriedenheit und Gewissheit gemeint, die sich weder um das Gestern und Morgen sorgt noch sich am eigenen Erfolg oder Besitz freut. Ein solcher Zustand der inneren Ruhe lässt sich nicht durch äußere oder geistige Manipulationen herbeiführen. Jeder Mensch hat für sich selbst zu prüfen, was für ihn gut ist. Deshalb halten sich die Wüstenväter mit allgemeinen Ratschlägen zurück. Sie weigern sich auch zu entscheiden, welcher Weg für einen Rat suchenden Menschen richtig ist.

So zählt Abbas Nisteroos einem ihn mit Fragen bedrängenden Besucher viele Werke auf, die er tun könnte. Aber er wählt für den Fragenden kein bestimmtes Tun aus, sondern stellt ihm eine Aufgabe, damit er selbst erkennen kann, was für ihn gut ist: „Wovon du siehst, dass es deine Seele im Einklang mit Gott will, das tue, und wirst dein Herz bewahren!" [12]

Das meint auch: Wenn du erfährst, dass dich etwas in Einklang mit deinem innersten Wesen bringt, so ist es die richtige Wahl. Der Benediktinermönch Anselm Grün schreibt: „Gottes Wille ist nicht etwas, das uns von außen auferlegt wird, sondern er entspricht unserem innersten Wesen." [13]

Sein statt Haben

In der modernen Lebens- und Existenzphilosophie des 20. Jahrhunderts ist dieses unverfälschte Erleben mit dem „Sein" gleichgesetzt worden. Der vor 10 Jahren verstorbene Psychoanalytiker und Sozialphilosoph Erich Fromm hat das „Sein" von einem „Haben" abgegrenzt. Während das seelische Erleben, das „Sein",

Seelische Einsichten ohne Psychologie

immer nur erfahren, aber nicht fixiert werden kann, lässt sich das, was wir „haben", wie eine Sache in Besitz nehmen. Erich Fromm kommt in seinem Buch „Haben oder Sein" zu dem Schluss, dass die vollständige Humanisierung des Menschen den Durchbruch von einer Orientierung am Besitz zu einer Orientierung am Tätig-Sein bedeutet. Er ist sich aber wie die Wüstenväter bewusst, dass Worte auch missbraucht werden können. So verweist er darauf, dass „... fast keine Worte mehr übrig geblieben sind, die nicht schon vermarktet, verdorben oder missbraucht worden sind."

> „Begriffe wie ‚Selbsterfahrung‘, ‚menschliches Wachstum‘, ‚Wachstumspotenzial‘, ‚Selbstverwirklichung‘, ‚Erleben statt Denken‘, das ‚Hier und Jetzt‘ und viele andere sind durch verschiedene Autoren und Gruppen herabgesetzt und sogar zu Reklamezwecken vermarktet worden."
> Erich Fromm bittet seine Leserinnen und Leser – auch hier den Wüstenvätern verwandt – sich der Tatsache bewusst zu sein, „dass Worte erst durch den Zusammenhang, in dem sie gebraucht werden, durch die Absicht ... und durch die Persönlichkeit dessen, der sie braucht, eine Bedeutung bekommen. Wenn sie nämlich eindimensional, ohne tiefere Perspektive verstanden werden, so verdecken sie Ideen mehr, als dass sie diese übermitteln."[14]

Die Schwierigkeit jedes positiven Redens, sei es über die „Reinheit des Herzens" oder über das unverfälschte „Sein", liegt in der Möglichkeit, dass die verwendeten Worte in Besitz genommen und einem Zweck zugeführt werden können. Sie dienen dann dem „Haben" statt dem „Sein" und verlieren ihre Unschuld. Das Lieblingswort der Wüstenväter vom „reinen Herzen" meint ein Sein ohne Besitzanspruch. Sobald diese Rede aber Wahrheit im ideologischen Sinne beansprucht, wird sie zum Besitztum. Deshalb meint ein Wüstenvater: „Verhalte dich immer wie einer, der anfängt, und wo du auch bist, lass dein eigenes Wort nicht Macht über dich gewinnen, und du wirst Ruhe finden."[15]

Ebenso wie Erich Fromm sind sich auch die Wüstenväter bewusst, dass ein Leben ganz ohne Haben nicht möglich ist. Haben ist aber nicht gleich Haben. Fromm unterscheidet zwischen einem seinsorientierten (funktionalen) und einem besitzorientierten (nicht-funktionalen) Haben.

> *„Der Mensch kann nicht ohne zu ‚haben' leben, aber er kann sehr wohl ausschließlich mit funktionalem Haben leben und tat dies auch in den ersten 40 000 Jahren seiner Geschichte, nachdem der homo sapiens entstanden war. In Wirklichkeit ist es sogar so, dass er nur dann psychisch gesund leben kann, wenn er hauptsächlich mit funktionalem Eigentum lebt und nur ein Minimum an totem Besitz sein eigen nennt."*[16]

Der Besitz von Hilfsmitteln wie Werkzeugen oder einem Dach über dem Kopf, die der Mensch zum Leben braucht, stellt ein existentielles Bedürfnis des Menschen dar. In der Moderne ist diese funktionale „Grundausstattung" dank der technisch wissen-

Seelische Einsichten ohne Psychologie

schaftlichen Entwicklung noch stark erweitert worden. Viele Gebrauchsgegenstände, von der Waschmaschine bis zum Computer, können funktionale Verwendung im Sinne Fromms finden. „Der Wandel in der Funktion der Besitzgegenstände tritt dort ein, wo das, was man besitzt, kein Mittel mehr für größere Lebendigkeit und Produktivität ist, sondern nur dem passiv-rezeptiven Konsumieren dient."[17] Dann wird der Besitz zum Mammon, zum Konsum und Prestigemittel.

Dieses (nicht-funktionale) besitzorientierte Haben scheint gemeint zu sein, wenn die Wüstenväter den Ausspruch Jesu zitieren: „Es ist leichter, dass ein Kamel durch ein Nadelöhr (genauer wohl: eine Seilschlinge, D. H.) schreitet, als dass ein reicher Mann in den Himmel kommt." Der Besitz, an dem ein Mensch hängt, weil er ihm Einfluss verschafft oder vermeintliche Sicherheit gibt, behindert sein Sein. Statt zu befreien, wird diese Habe zur Last. Auch für Sigmund Freud ist ein Mensch, der sich vor allem mit dem besitzorientierten Haben beschäftigt, neurotisch. Er hat in seiner klassischen Abhandlung „Charakter und Analerotik" Geld mit Kot gleichgesetzt:

> *„Man könnte meinen, dass die Neurose hierbei nur einem Winke des Sprachgebrauchs folgt, der eine Person, die das Geld allzu ängstlich zurückhält, ‚schmutzig‘ oder ‚filzig‘ (engl.: filthy = schmutzig) nennt. Allein dieses wäre eine wohl allzu oberflächliche Würdigung. In Wahrheit ist überall, wo die archaische Denkweise herrschend war oder geblieben ist, in den alten Kul-*

turen, im Mythos, Märchen, Aberglauben, im unbewussten Denken, im Traum und in der Neurose, das Geld in innigste Beziehungen zum Drecke gebracht. Es ist bekannt, dass das Gold, welches der Teufel seinen Buhlen schenkt, sich nach seinem Weggehen in Dreck verwandelt ... Und jedermann vertraut ist die Figur des ‚Dukatenscheißers'. Ja, schon in der altbabylonischen Lehre ist Gold der Kot der Hölle, Mammon = ilu manman. Wenn also die Neurose dem Sprachgebrauche folgt, so nimmt sie hier wie anderwärts die Worte in ihrem ursprünglichen, bedeutungsvollen Sinne ... " [18]

Den sterilen Aspekt von Geld oder Gold – als symbolischen Ausdruck des Besitzes – illustriert sehr eindrücklich der griechische Mythos von Kaiser Midas. Midas war so habgierig, dass ihm auf seinen Wunsch hin alles, was er berührte, zu Gold wurde. Schließlich musste er eben deshalb sterben, weil er Gold nicht essen konnte. Denn von Gold allein kann niemand leben.

Aber Geld oder Gold ist nur der symbolische Ausdruck einer Habe, die viel mehr umfassen kann als finanziellen Rückhalt oder materiellen Besitz. Buchstäblich alles kann zum Besitz werden, wenn sich die Haltung eines Menschen am Haben orientiert: Ehre, Ansehen, Gesundheit, Schönheit, aber auch Erinnerungen oder religiöse Überzeugungen.

Die Wüstenväter, die weitgehend auf materiellen Besitz verzichtet haben und gewohnt sind, Essen und Trinken stark einzuschränken, setzen sich besonders

Seelische Einsichten ohne Psychologie

mit dem geistigen Besitz von Wertvorstellungen und Tugenden auseinander. So sagt Bischof Epiphanios: „Die Fehler der Gerechten finden sich auf den Lippen, die der Gottlosen haften am ganzen Leib".[19] Sich als Wissender herauszustellen oder sich einer besonders intensiven Askese zu rühmen, wird keineswegs als besser erachtet als die Anhäufung von materiellem Besitz. Das illustriert eine kleine Geschichte:

> Brüder besuchten von der (Wüste) Sketis aus den Altvater Antonius. Sie bestiegen ein Schiff, um zu ihm zu kommen. Dort trafen sie einen Alten, der auch dorthin kommen wollte, doch die Brüder kannten ihn nicht. Als sie im Schiffe waren, unterhielten sie sich über Aussprüche der Väter, über Worte der Schrift und auch über ihre Handarbeit. Der Alte aber schwieg. Als sie nun am Landeplatz waren, zeigte es sich, dass der Alte auch auf dem Weg zum Altvater Antonius war. Als sie dann bei diesem ankamen, sprach Antonius zu ihnen: „An diesem Alten habt ihr einen guten Begleiter gefunden." Er sagte aber auch zu dem Greis: „Treffliche Leute hast du bei dir." Der Greis erwiderte: „Gut sind sie schon, aber ihr Gehöft hat kein Tor, und jedermann kann in den Stall hineingehen und den Esel losbinden." Das sagte er, weil sie alles herausschwätzten, was ihnen in den Mund kam.[20]

Das Schweigen wird zum Mittel, sich nicht über andere zu erheben oder seine eigenen Tugenden besonders herauszustellen. Entsprechend sagt Altvater Pambo zu seinen Brüdern, als er um ein Wort an einen

Besucher gebeten wird: „Wenn er aus meinem Schweigen keinen Nutzen zieht, dann kann er es auch nicht aus einer Rede."[21]

Aber auch die Herzensruhe darf nicht als Besitzstand verstanden werden.

> So betont Amma Theodora: „Es ist gut, die Herzensruhe zu pflegen ... Aber wisse: wenn der Vorsatz auf die Herzensruhe gerichtet ist, dann kommt sofort der Böse und beschwert die Seele, in Unmut, in Kleinmut und Gedanken. Er beschwert auch den Leib mit Schwächlichkeit, nachlassender Spannkraft, Schlaffheit der Knie und aller Glieder, und er bricht die Kraft der Seele und des Leibes ..."[22]

Wenn ein Väterspruch lautet: „Die Ruhe darf nicht gewonnen werden, bevor sie von Gott gesendet ist", ist damit wohl auch gemeint, dass die Herzensruhe nicht als eigenes Verdienst, als Haben bewertet werden soll.

Wege zur Gelassenheit

Jede Art von Leistung kann auf der Haben-Seite verbucht werden. Die Menschen sind dann in der Regel stolz auf das, was sie haben oder tun. Deshalb reagieren die Wüstenväter besonders kritisch auf Selbstlob und Stolz. So bekennt ein *Abbas*: „Es ist nicht die Tugend, derentwegen ich in der Einsamkeit sitze, sondern die Schwäche. Die Starken sind es, die unter die Menschen gehen."[23]

Seelische Einsichten ohne Psychologie

Bescheidenheit – oder mit dem heute missverständlichen Wort der Wüstenväter gesagt: Demut (zum Dienste gestimmt sein) – stellt keinen Wert an sich dar. Aber eine bescheidene Haltung schützt davor, dem besitzorientierten Haben zu verfallen.

Von Goethe stammen die Verse:

> *„Die Sterne, die begehrt man nicht,*
> *Man freut sich ihrer Pracht.*
> *Und mit Entzücken blickt man auf*
> *In jeder heitern Nacht."*

Sie geben eine Haltung wieder, die sich ganz dem Sein öffnet, ohne das, was erlebt wird, auch besitzen zu wollen. Es ist eine Haltung, die auch die Wüstenväter prägt. Sie ist aber nur verwirklichbar, wenn man sich dem eigenen Erleben anvertraut. Deshalb ermutigen die Wüstenväter ihre Schüler, ihren Gefühlen und Bedürfnissen Raum zu geben. Nicht um sie zu „haben", auch nicht unbedingt, um sie zu stillen, sondern um sich im eigenen Erleben zu wandeln. Der Benediktinermönch Anselm Grün führt an:

> *„Die monastische Askese ist eine Askese der Verwandlung und nicht der Veränderung. Verändern ist etwas Gewaltsames. Ich will mich ändern, weil ich so, wie ich bin, nicht gut bin. Ich will mich anders machen, einen andern aus mir machen. Verwandlung ist sanfter. Alles darf sein, alle Gedanken und Gefühle, alle Bedürfnisse und Leidenschaften. Sie müssen nur verwandelt werden. Verwandlung meint, dass ich mich in die Bedürfnisse und Leidenschaften hineinspüre und*

*sie zu Ende denke, zu Ende fühle. Dann entdecke
ich, was eigentlich darin gemeint ist. Wenn ich
meine Wut zu Ende fühle, werde ich am Ende
meiner Wut mit dem Mitleid in Berührung kommen, das ich dem andern gegenüber empfinde ...
Wenn ich mir die Wut verbiete, dann werde ich
trotz aller Versuche, dem andern zu vergeben, in
mir Ablehnung und Abneigung spüren. Nur die
zu Ende gefühlte Wut kann sich in Mitleid und
Vergebung verwandeln.* "[24]

Wie bei allen mystischen Bewegungen, die sich dem
„Sein" öffnen, fällt auch bei den Wüstenvätern auf,
dass sie sich damit zurückhalten, anderen Menschen
Verhaltensanweisungen zu geben. Der Weg zur
Selbsterfahrung ist nicht mit „Kochrezepten" zu vermitteln. Die Bemühungen der Wüstenväter, anderen
Menschen zu helfen, sind denn auch eher indirekter
Art. Sie versuchen, bisher begangene Wege, die nicht
zum Ziel geführt haben, aufzuzeigen, und sie regen
an, neue Erfahrungen oder Selbstversuche zu machen. Dabei ist ihnen besonders wichtig, den Hilfe
Suchenden nicht zu verurteilen, sondern aufzumun-
tern, ihn nicht zu kritisieren, sondern zu trösten.

*Einmal kam ein Bruder zum Altvater Poimen
und sagte: „Was soll ich tun, Vater, denn ich
werde zur Unkeuschheit versucht? Und siehe, ich
ging zum Abbas Ibistion, und er sagte zu mir:
„Du darfst sie nicht lange in dir verweilen lassen." Abbas Poimen sprach zu ihm: „Abbas Ibistion und seine Taten sind bei den Engeln droben.
Es ist ihm verborgen, dass du und ich noch in der*

Seelische Einsichten ohne Psychologie

> *Unkeuschheit sind. Wenn aber der Mensch sei-*
> *nen Bauch beherrscht und die Zunge und das*
> *Wanderleben, dann habe Mut: Er stirbt nicht!"* [25]

„Versuchungen" – wir würden heute sagen: Wünsche
zur materiellen, geistigen oder libidinösen (sexuellen)
Inbesitznahme – machen einen Menschen nicht
schlecht. Kein Mensch, der sich dem Alltag stellt, ist
davor gefeit. Solche Wünsche stellen Herausforderungen dar, die durch Normen oder Verhaltensregeln
nicht zu beseitigen sind. Das kommt auch in den Vätersprüchen zur Geltung.

Sehr viele Sätze und Geschichten der Wüstenväter
lassen sich sogar als „hohes Lied der Versuchungen"
lesen. Dadurch, dass im obigen Beispiel der sexuelle
Wunsch des Hilfe Suchenden vom „Therapeuten"
wahrgenommen und ernst genommen wird, wird die
Aufmerksamkeit von der moralischen Beurteilung
weg- und zum unmittelbaren Erleben hingelenkt. Der
Hilfe Suchende findet zudem Entlastung im Bekennt-
nis des „Therapeuten", dass er dieses Erleben kennt.
Diese Entlastung ist umso größer, je mehr es dem
Therapeuten gelingt, sich selbst in der Darstellung
der eigenen Erfahrung im Hintergrund zu halten und
keinen neuen Wertmaßstab des allgemein Richtigen
zu proklamieren.

Individuelle Anregungen zur Selbstfindung

Andere therapeutische Hilfestellungen der Wüstenväter sind symbolischer oder paradoxer Art: So soll mit
der Aufforderung, mit einem Stück Tuch den Wind

48

Individuelle Anregungen zur Selbstfindung

aufzuhalten (siehe Seite 35) dem Rat Suchenden symbolisch die Begrenzung der eigenen Möglichkeiten vor Augen geführt werden. Wenn sich die Wüstenväter geheimnisvoll oder paradox äußern, so werden die Hilfe Suchendem gezwungen, in dem geheimnisvollen Wort den für sie stimmigen Sinn zu finden.

> *Als ein Bruder den Abbas Sisoes um ein Wort bittet, antwortet dieser: „Wer das Unerklärliche in der Erkenntnis festhält, erfüllt die ganze Schrift."* [26]

Das Unerklärliche ist natürlich nicht zu erklären. Trotzdem gibt dieser dunkle Satz – wiederum paradox formuliert: als offenbares Geheimnis – eine tiefe Wahrheit wieder.

Wenn die Wüstenmönche bei ihren Antworten auf Anfragen konkret werden, so fordern sie in der Regel den Hilfe Suchenden zu einer bestimmten Übung auf. So fordert z. B. Abbas Moses einen Bruder: „Fort, geh in dein Kellion und setze dich nieder und das Kellion wird dich alles lehren."[27] Das Kellion (eine Höhle oder eine einfache Hütte) ist natürlich kein wirklicher Ratgeber. Aber indem sich ein Mensch seiner ungeschminkten Wirklichkeit aussetzt, mit all seinen Gefühlen und Gedanken, erfährt er mehr über sich, als wenn er der Lehre eines Buches folgt.

Es geht also auch bei diesen konkreten Anweisungen nicht darum, ein bestimmtes Verhalten zu lernen, um damit „lebens-fähiger" zu werden oder mehr vom Leben zu haben. Die konsequente Durchführung der Übung – selbst die Askese (griech. Training) – soll zur Verwandlung des Menschen beitragen und ihn vom

Seelische Einsichten ohne Psychologie

Haben zum Tätig-Sein führen. Wenn ein Rat Suchender von einem Wüstenvater die Übung aufgetragen bekommt, sich nicht mit anderen zu vergleichen[28] oder andere nicht zu richten,[29] dann wird er erfahren, wie unabhängig die Gedanken von seinem Willen sind und wie begrenzt seine eigenen Möglichkeiten sind, das gesteckte Ziel vollständig zu erreichen. Auf diese Weise wird er mit den eigenen Grenzen konfrontiert und zugleich bei aufrichtigem Bemühen eine innere Wandlung erleben. Antonius empfiehlt: „Baue nicht auf deine eigene Gerechtigkeit und lass dich nicht ein Ding gereuen, das vorbei ist, und übe Enthaltsamkeit von der Zunge und vom Bauch."[30]

Die Selbstgerechtigkeit kann dazu verführen, sich in Schuldgefühle zu verstricken und im Vergangenen zu verharren, um das nun einmal Geschehene in Gedanken ungeschehen zu machen. Damit wird es unmöglich, sich auf das heute Notwendige zu konzentrieren. Die von Antonius aufgetragene Übung, auf das selbstgerechte Beharren zu verzichten und nicht in Unterhaltung oder Trinken und Essen Ablenkung zu suchen, erfordert eine Konzentration auf das, was hier und jetzt zu tun ist.

Eine solche anspruchsvolle Übung darf aber nicht als äußerliches Gebot verstanden werden. Es geht nicht um die Befolgung eines aufgetragenen Gesetzes, auch nicht um die Leistung, einem Anspruch zu genügen, sondern um das, was bei dieser Übung erfahren wird.

Schon deshalb ist die Haltung der Wüstenväter nicht mit einer modernen Verhaltenstherapie zu vergleichen, die ebenfalls mit Übungen und „Hausauf-

Individuelle Anregungen zur Selbstfindung

gaben" arbeitet. Sie ist auch nicht im Sinne der klassischen Psychoanalyse als Lösungsversuch eines inneren Konfliktes zu verstehen. Vielmehr geht es – um es noch einmal anders zu sagen – darum, über ein ausharrendes Tun oder Lassen, über den stetigen Versuch, immer wieder die gleiche Übung zu machen oder immer auf das Gleiche zu verzichten, zu einer wirklichen Selbsterfahrung durchzustoßen. Die Übung ist also nicht Selbstzweck, enthält keinen Lehrinhalt oder zu lernenden Stoff. Sie bewirkt vielmehr eine Verwandlung, die zur Selbst- und Wahrheitsfindung beiträgt.

Trotzdem macht natürlich die konsequente Durchführung eines modernen verhaltenstherapeutischen Programms bei vielen heute diagnostizierten psychischen Störungen Sinn. Auch kann das Erlernen eines bestimmten Verhaltens zur Erfahrung größerer sozialer Freiheit beitragen, indem dadurch der Spielraum des einzelnen Individuums vergrößert wird. Die Beseitigung von sozialen Ängsten (z.B. der Furcht, einen Platz oder eine Brücke zu überschreiten) oder die erfolgreiche Behandlung Panik auslösender Vorstellungen (z.B. ohnmächtig zu werden oder einen Herzstillstand zu erleiden) kann wie eine Erlösung erfahren werden.

Um diese Befreiung von bestimmten Symptomen zu erreichen, benützt die Verhaltenstherapie das Verfahren der so genannten „Exposition", also z.B. das Aufsuchen der Furcht auslösenden Situation. Die so genannte kognitive Verhaltenstherapie setzt zudem die gedankliche Exposition bzw. die Auseinandersetzung mit den gedanklichen Ängsten zur Behandlung

Seelische Einsichten ohne Psychologie

von Angststörungen ein. Unter Exposition wird verstanden, dass eine erkrankte Person schrittweise oder rasch Situationen und Objekten ausgesetzt wird, vor denen sie sich fürchtet. Dieses Expositionsverfahren scheint jedoch nur dann dauerhaft zu wirken, wenn die betreffende Person das Abklingen der Angst in der exponierten Situation nicht auf äußere Einflüsse zurückführt, also z. B. nicht mit der Wirkung eines Medikamentes begründet. Auch wenn die Wirkung auf einen inneren Vorgang, z. B. auf ein Stoßgebet zurückgeführt wird, setzt dies den Behandlungserfolg auf längere Sicht außer Kraft. Vielmehr ist für eine anhaltende Wirkung des Expositionsverfahrens Bedingung, dass die Angst möglichst unmittelbar und ohne Abwehrvorstellungen erlebt wird. Es geht also nicht nur um das Aushalten einer gefürchteten Situation, sondern um das entschlossene Durchleben von Angst, was ein bewusstes Annehmen des Angsterlebens voraussetzt. Das soll an einem kurzen Beispiel aus meiner Praxis illustriert werden:

Frau Karin R., die an einer so genannten Agoraphobie – also an einer Furcht (Phobie) vor weiten, ungeschützten Räumen (griech. Agora = Marktplatz) leidet, krankt an der Befürchtung, dass sie auf einem Gang in die Stadt umfallen oder durch ein Auto angefahren werden könnte. Das Überqueren einer Brücke wird ihr zum Alptraum, weil sie sich vorstellt, dabei in die Tiefe gezogen zu werden. Solche und ähnliche Befürchtungen zwingen sie dazu, ihr Leben drastisch einzuschränken.

Frau R. sieht ihr Problem jedoch nicht primär in ihrer Agoraphobie angelegt, sondern in ihrem Angsterleben. Um ihrer Angst Herr zu werden, greift sie auch zu Angst lösenden Medikamenten. Erst in der Psychotherapie, in der auch Elemente der kognitiven Verhaltenstherapie zur Anwendung kommen, wird ihr bewusst, dass nicht die Angst, sondern ihre Befürchtungen ihre Behinderungen verursachen. Frau R. lernt, sich schrittweise ein bestimmtes Maß an Angsterleben zuzumuten. Sie kann motiviert werden, zuerst in Gedanken, dann in Wirklichkeit jene Orte aufzusuchen, vor denen sie sich fürchtet und die ihr infolge dieser Befürchtungen auch Angst machen. Indem sie sich ihrer Angst bewusst aussetzt, erfährt sie sich nicht mehr als passives Objekt, das verängstigt wird, sondern als aktives Subjekt, d.h. als „Jemand", der Angst erleben kann. Je mehr es Frau R. gelingt, ihr Angsterleben bewusst wahr- und anzunehmen, und je mehr sie sich in die vorher gefürchteten Situationen wagt, desto mehr verliert sich auch ihre Angst. Schließlich ist sie in der Lage, wieder frei und unbegleitet in die Stadt zu gehen und Brücken zu überschreiten.

Von der heute nachgewiesenen Wirksamkeit eines solchen Vorgehens wären manche Wüstenväter, insbesondere Evagrius Ponticus, wohl nicht überrascht gewesen. Denn zum einen haben sie die primäre Ursache eines Problems nicht in den Empfindungen und Gefühlen, sondern in den Vorstellungen und Gedan-

Seelische Einsichten ohne Psychologie

ken eines Menschen gesehen. Zum Zweiten hat gerade Evagrius Ponticus wiederholt empfohlen, intensive Gefühle als Waffe gegen die anstürmenden Gedanken einzusetzen. „Wenn in deinem Herzen ein widriger Gedanke aufkommt, dann suche nichts anderes im Gebet zu erreichen, sondern zücke dein Schwert der Tränen nur gegen den Feind, der jetzt gegen dich angeht."[31] Oder er rät: „Solltest du in Versuchung fallen, dann fange nicht gleich zu beten an. Schleudere zunächst einige Worte im Zorn gegen den, der dich versucht ... wenn du zuerst im Zorn etwas gegen sie (die Gedanken) sagst, dann vereitelst du die Pläne des Feindes und machst sie unwirksam ..."[32]

Schließlich ist auch die Exposition eine Methode, die die Wüstenväter intensiv geübt haben. Setzten sie sich doch den schwersten Lebensbedingungen in der Wüste und der Einsamkeit aus, um sich mit sich selbst und mit den in ihnen aufkommenden Befürchtungen und Vorstellungen zu konfrontieren.

Aber wo sich die Techniken der modernen Verhaltenstherapie und der Wüstenväter ähneln mögen, ist doch das Ziel ein grundlegend anderes. Es geht den Wüstenvätern bekanntlich nicht um eine möglichst große Fähigkeit, den Alltag zu bestehen. Noch weniger geht es ihnen um völlige Leidensfreiheit, sondern um die Erfahrung der Transzendenz, d.h. um das innere Erleben des „göttlichen Keims". Im Gegensatz zur modernen Selbstverwirklichung soll nicht die eigene Position oder Leistung gesteigert werden. Das scheint ihnen für ein wirklich gesundes Leben im Sinne der „Herzensruhe" vielmehr hinderlich. Vielmehr sollen die Exposition und das Hinterfragen eige-

Individuelle Anregungen zur Selbstfindung

ner Vorstellungen dazu führen, das zu erfahren, was der Eigenwille verdeckt, was aber den Grund der Seele ausmacht.

Einige Altväter sagten: Wenn du einen Jüngling siehst, der mit seinem Eigenwillen zum Himmel hinaufsteigt, dann halte seinen Fuß und ziehe ihn auf die Erde, denn das andere nützt ihm nichts.

Der Altvater Poimen bat den Altvater Joseph: „Sage mir, wie ich Mönch werde." Er antwortete: „Wenn du Ruhe finden willst, hier und dort, dann sprich bei jeder Handlung: „Ich – wer bin ich?", und richte niemand!"[33]

Heutzutage kann auch ein tiefenpsychologisches Verständnis menschlicher Probleme helfen, die Verstrickungen in soziale Konventionen aufzulösen. So stellt für viele moderne Menschen das psychoanalytisch orientierte Durcharbeiten der Biographie eine Möglichkeit dar, sich von anerzogenen Abhängigkeiten zu lösen. Oft schafft erst eine gewisse Distanz zum eigenen Ich – mithin eine Art biographisches Bewusstsein – die Voraussetzung dafür, eine trügerische Selbstvorstellung abzulegen und sich selbst unverfälschter zu begegnen. Ein „falsches Selbst" ist nach dem Psychoanalytiker D. W. Winnicott eine Folge der Erziehung. Es kann eine schützende Form der Selbstüberhebung darstellen, etwa wenn in der Biographie zu wenig Zuwendung erfahren wurde und die Gefahr besteht, dass ein Mensch seelisch erdrückt wird.

Es gehört zu den Grundeinsichten der Wüsten-

Seelische Einsichten ohne Psychologie

mönche, dass die Selbstbesinnung zwar das Allein-sein voraussetzt, aber die Selbstfindung nicht im be-ziehungslosen Raum geschehen kann. Die Entde-ckung des eigenen Grundes – in religiöser Sprache die Erfahrung Gottes – ist ein personales und interperso-nales Geschehen. Es ist kein narzisstisches Unterfan-gen, ein Sich-selber-Spiegeln, sondern vielmehr ein Erkennen, das ein Erkanntwerden voraussetzt. Wenn die Selbstfindung in der psychologischen Literatur meist als innerseelischer Vorgang beschrieben wird, so ist das nur die halbe Wahrheit. Die Selbstentde-ckung setzt eine Beziehung zum anderen voraus.

Nach der modernen Entwicklungspsychologie bil-det die Beziehung zu einem Elternteil eine wichtige Voraussetzung, damit sich ein Kleinkind selbst er-kennen kann – damit es zu seinem Spiegelbild sagen kann: „Das bin ich." Ähnliches gilt im Erwachsenen-leben für die Begegnung mit dem inneren Seelen-grund. Die Selbstbegegnung ist dialogisch angelegt. Sie setzt eine vertrauende Beziehung zu einem ande-ren Menschen voraus, nicht unähnlich der Selbstent-deckung des Kleinkindes, das sich im Spiegel wieder-erkennt und durch den Blick der anwesenden Mutter bestätigt wird: „Ja, das bist du!"

Darum sprechen die Wüstenmönche, wenn sie sich zutiefst in ihrer Seele selbst erkennen, von einer Begegnung in ihrem Innersten mit Gott. Sie sind sich gewiss, den eigenen Seelengrund nur mittels einer Perspektive zu erkennen, die nicht aus ihnen selbst stammt. Nur so ist auch der Satz zu verstehen: „Gott schaut dir mitten ins Herz."

Weil aber die Selbstfindung das Zusammentreffen

Individuelle Anregungen zur Selbstfindung

des eigenen Ich-Erlebens mit einer umfassenderen Perspektive, einem „Blick von oben", ist, kann der Austausch mit einem anderen Menschen, der zu einer umfassenderen Sichtweise beiträgt, die Selbstsuche unterstützen. Nach der Überzeugung der Wüstenmönche ist zur Selbstfindung „im Angesicht Gottes" eine andere Person hilfreich. Aber nicht irgendeine Person, sondern eine bestimmte, die auf der Suche schon fortgeschrittener ist. Das ist der Grund, weshalb sich junge Eremiten so genannten *Abbas* oder Vätern anvertrauten, um von ihnen auf dem Weg zur Erfahrung der eigenen Transzendenz begleitet zu werden. Nicht immer ist aber der zuerst aufgesuchte *Abbas* auch derjenige, der dem Suchenden weiterhelfen kann. Die Geschichte der Wüstenmönche ist reich an Beispielen von wandernden Eremiten, die erst nach längerem Suchen bei entlegen hausenden *Abbas* Rat und Hilfe fanden.

Auf die heutige Zeit übertragen hat auch der psychotherapeutisch Hilfe suchende, moderne Mensch manchmal über mehrere Anläufe den für ihn stimmigen Begleiter zu finden. Auch die moderne Psychotherapie ist kein Geschäft, in dem man beim nächstbesten Helfer das gewünschte „Produkt" findet. Das hat damit zu tun, dass auch die säkularisierte Form der therapeutischen Hilfe auf eine Beziehung zwischen Suchenden und Begleitenden angewiesen ist, die „stimmig" sein muss. Gerade bei grundlegenderen Problemen ist es in der Regel nicht möglich, ohne persönliches Engagement und Vertrauen in den Begleiter die eigene Identität zu stärken. Zwar können bestimmte Verhaltenstechniken auch ohne geeigne-

Seelische Einsichten ohne Psychologie

ten Therapeuten gelernt werden. Wo es aber um das Sich-selbst-Erkennen geht, versagen Bücher, Tonbänder oder Filme. Da ist bei aller Arbeit an sich selbst auch eine persönliche Begegnung gefordert. Die Selbstanalyse ist deshalb oft keine wirkliche Analyse, sondern eine Selbstbespiegelung, ohne sich wirklich persönlich zu begegnen. Die Selbsttherapie ist vielfach ein Versuch, der wirklichen Konfrontation mit sich selbst auszuweichen. Aber auch einen Psychotherapeuten aufzusuchen bietet noch keine Garantie, sich selbst näher zu kommen und sich den eigenen Problemen möglichst offen zu stellen. Erst das Vertrauen in eine Person, welche die Problemlage nachvollziehen und nachempfinden kann, aber auch eine „fachliche Distanz" zum Hilfe Suchenden zu wahren weiß, verhilft dazu, sich selbst wirklich neu zu sehen. Wo ein Psychotherapeut darüber hinaus imstande ist, Fragen oder Aufgaben zu stellen, die von einem hilfreichen Umgang mit der zur Diskussion stehenden Schwierigkeit zeugen, kann die therapeutische Begegnung auch zu neuen Problemlösungen beitragen.

Die Psychotherapieforschung der letzten Jahrzehnte, die sich u.a. der Frage gewidmet hat, welche Faktoren zur psychotherapeutischen Wirksamkeit beitragen, hat überzeugend herausgearbeitet, dass vor allem eine gute therapeutische Beziehung zum Erfolg beiträgt. So wurde z.B. gezeigt, dass die Qualität der therapeutischen Beziehung sehr viel besser geeignet ist, den Behandlungsverlauf vorherzusagen, als die Symptome, wie Schlaflosigkeit oder Bedrücktheit, die zur Behandlung führten. Nach den Beobachtungen einer groß angelegten Heidelberger Erhebung (von Bräu-

Individuelle Anregungen zur Selbstfindung

tigam und Mitarbeitern) nimmt jede Psychotherapie einen individuellen Verlauf als „persönliche Gleichung zwischen Patient und Therapeut". Gute Beziehungen gehen mit günstiger, weniger zuträgliche Beziehungen mit ungünstiger Prognose einher.

Der Heilungsanspruch der Wüstenmönche ist viel größer und zugleich viel geringer als derjenige der säkularisierten Psychotherapie. Unendlich viel größer ist er, wenn im Sinne der spirituellen Heilung das „Heil des ganzen Menschen" gesucht wird. Viel geringer ist er wiederum insofern, als es bei dieser „therapeutischen Begleitung" nicht um einen unmittelbaren Behandlungserfolg noch um die Verpflichtung geht, Anpassungs- und Leistungsfähigkeit des Hilfe Suchenden zu erhöhen. Überhaupt wird die „Therapie des *Abbas*" nicht als Leistung, sondern als Geschenk betrachtet. Auch kommt es immer wieder vor, dass sich die Verhältnisse umkehren und aus dem Hilfe Suchenden ein „Therapeut" und aus dem *Abbas* ein Beschenkter wird.

Ein Altvater erzählte, er habe einige heilige Männer erzählen hören, manchmal könnten in diesem Leben auch Jüngere den Älteren als Führer dienen, was sie an folgender Geschichte bewiesen: Es war einmal ein trunksüchtiger Greis, der täglich eine Matte verfertigte, die er im nächsten Dorf verkaufte, und anschließend vertrank er den Erlös. Da gesellte sich ein Bruder zu ihm, der ebenfalls täglich eine Matte anfertigte. Auch diese nahm jener Altvater und setzte den Erlös beider Matten in Wein um. Dem Bruder aber

Seelische Einsichten ohne Psychologie

brachte er nur ein Stück Brot zum Abendessen mit. Drei Jahre trieb er es so, aber der Bruder sagte nichts ... Eines Tages verstarb der Bruder. Da weinte der Altvater und rief: „Weh mir, mein Sohn! So viele Jahre schon lebe ich nun in Nachlässigkeit dahin: Du aber hast in so kurzer Zeit durch deine Geduld das Heil deiner Seele erreicht." Und von diesem Tage an wurde er nüchtern und wurde ein bewährter Altvater.[34]

KAPITEL 2

Der achtsame Umgang mit sich selbst als Mittel gegen die Entfremdung

Das Anliegen der Wüstenväter war vornehmlich ein religiöses, nämlich „den Weg zu Gott zu finden". Dieser Weg war und ist mit irdischen Problemen gepflastert. Die Wüstenväter hatten sich deshalb ganz maßgeblich mit menschlich-allzumenschlichen Widerständen auseinander zu setzen. Daraus ist ein Umgang mit Alltagsproblemen entstanden, der auch eine therapeutische Seite hat.

Es ging ihnen darum, der stets drohenden Entfremdung von sich selbst entgegenzutreten. Entfremdung ist ein in der Moderne viel gebrauchter Begriff, der von Karl Marx geprägt worden ist. Als soziologischer Begriff meint Entfremdung heute, dass ein Mensch zum Objekt wirtschaftlicher Interessen gemacht wird und seine eigene Arbeit den Zwecken anderer dient.

Die Wüstenväter hatten eine eher psychosoziale Sichtweise. Sie sahen die Menschen in Gefahr, sich selbst zu verlieren, weil sie zu wenig achtsam mit sich umgehen. Dieses Risiko wächst, wenn sie von andern Menschen beschämt und gedemütigt werden und dadurch noch mehr Gefahr laufen, sich selbst aus den Augen zu verlieren bzw. zum psychologischen Objekt der andern zu werden.

61

Der achtsame Umgang mit sich selbst

Dieser Art der Entfremdung haben die Wüstenväter vor allem ihre Aufmerksamkeit zugewandt. So spärlich die zwischenmenschlichen Kontakte zwischen den Wüstenmöchen waren, so wichtig war es ihnen, diese Kontakte in gegenseitiger Achtung zu gestalten und Beschämungen und Demütigungen zu vermeiden. Gerade bei nicht alltäglichen Kontakten kann ein unbedachtes Wort zur Unzeit besonders verletzen. Das gilt auch heute für Beziehungen, die besonderen Charakter haben, wie diejenige zwischen Arzt und Patient oder zwischen Psychotherapeut und Klient.

Ein Beschämen des Rat- oder Hilfe Suchenden vom Therapeuten muss nicht bewusst geschehen. Wenn aber vom Therapeuten nicht beachtet wird, dass schon das Ersuchen um Hilfe an sich – und erst recht das Aufsuchen eines Psychotherapeuten wegen persönlicher Probleme – Scham hervorrufen kann, können unbedachte Stellungnahmen und gut gemeinte Interventionen des Therapeuten beschämend wirken.

So kann ein voreiliger Rat, der dem „gesunden Menschenverstand" entspricht, vom Hilfe Suchenden wie eine Ohrfeige empfunden werden, wenn er den Eindruck bekommt, er werde vom Therapeuten nicht ernst genommen und als einer behandelt, der die Alltagspsychologie nicht kenne. Auch ein zu abruptes Nachfragen bei sensiblen Themen kann Scham auslösen. Noch gravierender wird aber ein anhaltendes Zurückweichen des Therapeuten vor Fragen empfunden, die zum Verständnis der Problemstellung nötig sind.

Dadurch kann beim Hilfesuchenden der beschämende Eindruck entstehen, sein Problem könne nicht verstanden werden oder es sei so schlimm, dass es auch vom Therapeuten tabuisiert werden müsse.

Scham ernst nehmen

Die Wüstenväter haben die Gefahr der Beschämung als eine entscheidende Herausforderung gesehen. Sie haben sich aber nicht gegen die Scham gewandt, sondern im Gegenteil das menschliche Schamerleben als wertvoll und schützenswert angesehen. Aber sie haben mit allen Mitteln versucht, die Beschämung anderer Menschen zu vermeiden.

Ich gehe in einem anderen Buch mit dem Titel „Seelenhunger" ausführlicher auf die wichtige Unterscheidung von Schamempfinden und Beschämtwerden ein. Was ist mit diesem Unterschied gemeint? Wenn ich Scham empfinde, so erlebe ich aktiv ein unangenehmes Gefühl, das sich auch körperlich ausdrückt und mich z. B. erröten lässt. Wenn ich beschämt werde, so bin ich passives Opfer einer zwischenmenschlichen Handlung, die mich herabsetzt und nicht selten entwürdigt.

Ein Beschämt-Werden durch andere Menschen wäre gar nicht möglich, wenn ich nicht Scham empfinden könnte. Erst meine Fähigkeit, Scham zu empfinden, macht mich verletzlich für beschämende Verhaltensweisen. Während also Beschämung vermieden werden kann, ist das Schamempfinden als solches

nicht zu beseitigen. Es kann und soll auch nicht weg-
therapiert werden. Vielmehr gilt es, beschämende
Verhaltensweisen zu bekämpfen. Oder anders formuliert: Nicht Scham zu empfinden ist problematisch,
sondern einen andern Menschen zu beschämen, z.B.
um ihn gefügig zu machen, schafft Probleme.

Ganz ähnlich haben offensichtlich auch die Wüstenmönche gedacht. Sie haben sich gegen den Missbrauch der menschlichen Schamfähigkeit gewandt
und sorgsam darauf geachtet, einen anderen Menschen nicht zu beschämen.

> *Als einmal der Altvater Johannes mit anderen
> Brüdern von der Sketis (der sketischen Wüste)
> herabstieg, verirrte sich ihr Führer, denn es war
> Nacht. Da sagten die Brüder zum Abbas Johan-
> nes: „Was sollen wir tun, Vater, da der Bruder
> den Weg verfehlt hat. Dass wir nur auf dieser Irr-
> fahrt nicht sterben!" Der Greis antwortete ih-
> nen: „Wenn wir es ihm sagen, dann schmerzt
> und beschämt es ihn. Aber gebt acht, ich will
> mich erschöpft stellen und sagen: ich kann nicht
> mehr weitergehen, sondern bleibe hier bis zum
> Morgen." Und er machte es so. Darauf sagten die
> andern: „Auch wir gehen nicht mehr weiter, son-
> dern bleiben bei dir sitzen." Und so blieben sie
> sitzen bis zum Morgen und gaben so dem Bruder
> keinen Anstoß."* [1]

> *„Einige von den Alten kamen zum Altvater Poi-
> men und sagten zu ihm: „Wenn wir beim Gottes-
> dienst Brüder einnicken sehen, willst du, dass wir
> ihnen einen Stoß geben, damit sie in der Vigilie*

Scham ernst nehmen

> *(beim Nachtgebet) wachen!" Er erwiderte: "Wahrlich, wenn ich einen Bruder einnicken sehe, dann leg ich seinen Kopf auf meine Knie und lasse ihn ruhen."* [2]

Die Wüstenväter sahen in der Beschämung eine Herabsetzung des Menschen und eine Gefährdung seines Auftrages, für sich und die Welt zu sorgen. Sie waren sich bewusst, dass auch eine bestimmte Weise der Belehrung beschämend wirken kann. Gegenüber einem anderen Menschen Recht haben zu wollen, trug für sie das Risiko in sich, den anderen herabzusetzen. Insbesondere von Abbas Poimen, dem Wüstenvater mit dem besonderen psychologischen Feingefühl, werden viele Geschichten erzählt, aus denen deutlich wird, dass Belehren auch Beschämen heißen kann.

> *Einige von den Vätern fragten den Altvater Poimen: "Wenn wir einen Bruder fehlen sehen, willst du, dass wir ihn zurechtweisen!" Der Greis antwortete ihnen: "Was mich betrifft: wenn ich durch jene Gegend wandern muss und ich sehe einen fehlen, dann gehe ich an ihm vorbei und weise ihn nicht zurecht."* [3]

> *"Ein Bruder fragte den Abbas Poimen: "Wie kann der Mensch der üblen Nachrede gegen den Nächsten entgehen!" Der Greis sagte: "Wir und die Brüder sind zwei Bilder (die zusammengehören): Zu der Stunde, in der der Mensch auf sich (selbst) achtet und sich tadelt, findet sich der Bruder bei ihm in Ehren. Wenn er sich aber gut vorkommt, findet er den Bruder schlecht vor seinen Augen."*

Der achtsame Umgang mit sich selbst

> *Abbas Poimen sagte: „Den Nächsten belehren ist das Gleiche wie ihn anklagen." (Jakobus 3, 1)*[4]

Diese Haltung, alles zu unterlassen, was einen Menschen beschämen könnte, zeichnet nicht nur die Sprüche der Wüstenväter aus. Auch das Alte Testament und der Talmud sind von diesem Geist geprägt. So sagte ein Mischna-Lehrer: „Jeder, der das Angesicht seiner Gefährten vor den Vielen erbleichen lässt, ist, als ob er Blut vergießt."[5] Zwei besonders eindrückliche Beispiele – eines aus den Vätersprüchen, eines aus dem Talmud – seien einander gegenübergestellt.

> *Der Altvater Ammonas kam einmal irgendwohin, um zu essen. Dort befand sich einer, der einen schlechten Ruf hatte. Es begab sich, dass ein Weib daher kam und in das Kellion (Höhle) des Bruders mit dem üblen Rufe ging. Als die Bewohner des Ortes das erfuhren, gerieten sie in Aufregung und taten sich zusammen, um ihn aus seinem Kellion zu vertreiben. Als sie erfuhren, dass der Bischof Ammonas am Orte sei, gingen sie zu ihm und forderten ihn auf, mit ihnen zu kommen. Als der Bruder das merkte, nahm er das Weib und verbarg es in einem großen Fass. Wie nun die Menge eintraf, wusste der Altvater Ammonas bereits, was vorgefallen war, doch um Gottes Willen verdeckte er die Sache. Er trat ein, setzte sich auf das Fass und ordnete eine Durchsuchung des Kellions an. Aber, obwohl sie sorglich suchten, fanden sie das Weib nicht. Da sagte der Altvater Ammonas: „Was ist das? Gott soll euch vergeben!" (dass ihr den Bruder verleumdet*

Scham ernst nehmen

habt!). Er ließ ein Gebet verrichten und hieß alle hinausgehen. Dann nahm er den Bruder bei der Hand und ermahnte ihn: „Gib auf dich acht, Bruder!" Nach diesen Worten ging er weg." [6]

In der Nachbarschaft von Mar Ukba wohnte ein Mann, der überall hoch geachtet war; er war zwar arm, wollte aber lieber aufs kärglichste leben als um Almosen bitten. Der Rabbi, mildtätig wie er war, pflegte jeden Tag dem armen Mann durch den Türschlitz ein Geldstück ins Haus zu werfen, ohne dass das irgend jemand sah. Der Arme, erfreut über dieses regelmäßige Almosen, wünschte dagegen allmählich immer dringlicher zu sehen, wer dieser heimliche Wohltäter sei. Er beschloss, zur fraglichen Zeit aufzupassen. Aber gerade an dem Tag war der Gelehrte länger als üblich im Lehrhaus geblieben, so dass seine Frau ihn abholte. Auf dem Nachhauseweg kommen sie am Häuschen des Armen vorbei, schleichen sich auf Fußspitzen zur Tür und werfen die Münze hinein. Da reißt der arme Mann die Tür auf. Kaum hören die beiden das Knarren der Tür, da ergreifen sie die Flucht. Der andere läuft ihnen nach. Und als sie merken, dass man ihnen folgt, hasten sie noch schneller; aber der Abstand zum Verfolger wird immer geringer.

Da, an einer Biegung, sehen die Eheleute einen Backofen. Noch mächtig warm ist er, aber sie sind gerettet, verkriechen sich im Ofen, kümmern sich nicht um die Hitze – heilfroh, dem Blick ihres Verfolgers entkommen zu sein.

Der achtsame Umgang mit sich selbst

Aber, fragte ein Weiser – warum sich solche Mühe geben, um sich zu verstecken? Weil es besser ist, man wirft sich in einen brennenden Ofen, als Anlass zu geben, dass der Nächste öffentlich beschämt wird.

Wie die Meister lehrten: Wer das Angesicht seines Nächsten öffentlich beschämt, der hat keinen Anteil an der zukünftigen Welt, sollte er auch Torakenntnis und gute Werke aufzuweisen haben." [7]

Beschämungen können sehr subtil erfolgen. Selbst Geschenke können beschämen, wenn sie die Bedürftigkeit des Beschenkten demonstrativ vor Augen führen und sein Ehrgefühl verletzen. Beschämend kann sich auch eine Abhängigkeit von wohlmeinenden Helfern auswirken. Das ist besonders dann der Fall, wenn demjenigen, dem geholfen wird, keine Gelegenheit gegeben wird, sich dankbar zu zeigen und dem Gebenden etwas zurückzugeben – und sei es ein Dankeschön, das angenommen wird. Je größer deshalb die Asymmetrie eines Abhängigkeitsverhältnisses ist, desto größer ist auch die Gefahr, dass sich jemand beschämt fühlt, ohne dafür einen leicht fassbaren Grund ausmachen zu können. Gerade in psychotherapeutischen Beziehungen tritt eine solche Entwicklung nicht ganz selten auf. Fühlt sich aber jemand beschämt, ohne zu wissen wofür, wird es ihm noch schwerer fallen, seine Schamgefühle zur Sprache zu bringen. Erst recht kompliziert sich der Umgang mit den eigenen Schamgefühlen, wenn die Asymmetrie der therapeutischen Beziehung durch ein Größenideal des Therapeuten

Scham ernst nehmen

verstärkt wird. Dann tendiert der narzisstische Therapeut dazu, gegenüber dem Patienten als vollkommen zu erscheinen, was das Gefühl des schamvollen Ungenügens auf Seiten des Patienten noch verstärken kann. In solchen Fällen wird der Hilfe Suchende sein schamvolles Erleben eher für sich behalten oder es gar (mittels Identifikation mit dem Therapeuten) zu verdrängen oder in sich abzuspalten suchen. Im ungünstigen Fall fördert die Unmöglichkeit, zum eigenen Schamerleben zu stehen, den kompensatorischen Versuch, sich durch eine Leistung auszuzeichnen und ein besonders guter Patient zu sein.

> Im schlimmsten Fall kann das Beschämt-Werden durch den Therapeuten dazu beitragen, dass sich eine Person von ihm psychisch oder gar sexuell missbrauchen lässt. Diese Gefahr ist auch deshalb nicht von der Hand zu weisen, weil es ganz natürlich ist, dass eine abhängige und Not leidende Person dem Therapeuten ein Geschenk machen möchte, um auf diese Weise das einseitige Abhängigkeitsverhältnis etwas auszugleichen. Wo aber der natürliche Wunsch, eine eingegangene Beziehung möglichst offen zu gestalten, durch Beschämen irritiert wird, läuft der zwischenmenschliche Kontakt Gefahr, besitzergreifenden und berechnenden Charakter zu bekommen.

Es ist deshalb nicht von ungefähr, dass die Wüstenväter einen Zusammenhang sahen zwischen der Selbstgenügsamkeit der Helfenden und dem schambewussten Umgang mit Not Leidenden. Die kürzlich

Der achtsame Umgang mit sich selbst

verstorbene amerikanische Psychotherapeutin und Psychoanalytikerin Helen Block Lewis war aufgrund ihrer Erfahrungen davon überzeugt, dass viele psychische Probleme durch versteckte Scham aufrechterhalten werden. Auch viele psychotherapeutische Prozesse kommen nach ihrer Überzeugung nicht voran, weil sie die Schamproblematik übersehen. Konsequenterweise sieht Helen Block Lewis viele Widerstände im Rahmen psychiatrischer Behandlungen als schambedingt an.

> *Sie schreibt: „In den letzten Jahren bin ich zur Überzeugung gelangt, dass Widerstand ein falscher Name für Scham und Schuld ist." Sie betrachtet deshalb die Bearbeitung von versteckter Scham als zentrale Aufgabe jeder tiefenpsychologischen Behandlung. Dieser Fokus sei wichtiger als die Rekonstruktion unterdrückter Erinnerungen. „Die traumatische Vergangenheit soll zwar als Ursache von Neurosen nicht unterschätzt werden, aber ihre Macht beruht in der Verknüpfung mit ungelösten Scham- und Schuldzuständen, die durch die traumatischen Ereignisse oder durch chronische Misshandlungen in der Kindheit ausgelöst wurden".*[8]

Scham ist im Alten Testament das erste Gefühl, das ausdrücklich beim Namen genannt wird. Adam und Eva schämen sich, als sie vom Baum der Erkenntnis gegessen haben. Scham hat nach der Schöpfungsgeschichte der Bibel also mit Selbsterkenntnis zu tun.

Auch in der modernen Entwicklungspsychologie wird Scham mit dem Auftreten von Selbstbewusst-

Scham ernst nehmen

sein in Zusammenhang gebracht. So ist in aufwendigen Studien nachgewiesen worden, dass Kleinkinder sich erst ab einem Alter von ca. 15 Monaten im Spiegel erkennen. Kinder beginnen erst ungefähr in diesem Alter ihr Gesicht im Spiegel nachzuahmen, indem sie Gesichter schneiden, die Zunge herausstrecken oder beobachten, wie sie an der Seite des Spiegels verschwinden und wieder auftauchen. Ein solches Sich-selbst-Erkennen ist Bedingung für das Schamerleben. Scham macht allerdings einen weiteren Entwicklungsschritt nötig und tritt erst einige Zeit später auf, nachdem sich die Vorstellung eines eigenen Selbst weiter ausdifferenziert hat. So hat schon Darwin darauf hingewiesen, dass Erröten ungefähr ab dem zweiten bis dritten Lebensjahr auftritt. Spätestens 3-jährige Kinder zeigen Scham, wenn sie Aufgaben, deren Lösung sie sich selber zugemutet haben, nicht lösen können.

Aus vielen weiteren Untersuchungen zur Selbst- und Schamentwicklung kann geschlossen werden, dass Scham ein Gefühl ist, das soziale Vorgänge differenziert wiedergibt und ein Selbstbewusstsein voraussetzt. Scham tritt dann auf, wenn die Vorstellung, die man vom eigenen Selbst hat, von andern Menschen oder durch eigenes Handeln verletzt wird.

Wer sich schämt, offenbart seine Scham oft durch Erröten. Gleichzeitig sucht sich der Mensch, der sich schämt, aber auch zu verbergen. Er möchte sich am liebsten verkriechen oder in den Boden versinken. Der Psychiater Leopold Szondi hat in besonderer Weise diesen doppelten Aspekt der

Der achtsame Umgang mit sich selbst

Scham hervorgehoben. Er hat nicht nur im verbergenden Verhalten von Adam und Eva einen Ausdruck der Scham gesehen, sondern auch das Kainsmal als Zeichen der Scham gedeutet. Kain trug bekanntlich nach dem Brudermord ein Zeichen an sich, das ihn kenntlich machte, ihn aber auch schützen sollte. Denn nach dem Bericht der Bibel machte Gott „ein Zeichen an Kain, dass ihn niemand erschlüge, wer ihn fände." (1. Mose 4, 15) Wenn Leopold Szondi Recht hat, dann ist die Scham nach jüdisch-christlichem Verständnis auch zum Schutze der Menschen eingerichtet.

Mit dem Schamgefühl achtsam umzugehen, könnte auch heute eine ganz entscheidende Aufgabe sein. Diese Herausforderung zu bestehen, setzt aber voraus, dass der Mensch nicht von seiner kulturellen Entwicklung isoliert und auf ein rein physiologisches Geschehen reduziert wird. Als bloßer natürlicher Mechanismus wäre er nämlich nicht in der Lage, sich selbst zu überschreiten, gleichsam über seinen eigenen Schatten zu springen. Er könnte zu sich selbst nicht in Beziehung treten und auch nicht seine eigene Geschichte betrachten. Es wäre ihm versagt, auf einem einmal beschrittenen Weg umzukehren und neu zu beginnen. So lange man sich vorstellt, dass ihn die blinde Evolution in Schach hält, sind seine Vorstellungen und Handlungen nur Ausdruck unpersönlicher Kräfte.

In dieses Szenario bricht die Scham ein. Sie verweist auf eine andere Wirklichkeit, die ein Mensch nur an sich selber erfahren kann. Das Schamerleben

Scham ernst nehmen

lässt ihn sein eigenes verletztes Selbst spüren. Es verweist gleichzeitig unausweichlich auf sein Eingebundensein in eine größere menschliche Gemeinschaft. Denn Scham ist nur möglich, wenn sich ein Mensch innerlich selber als Ganzes erfährt, weil er zuvor gelernt hat, sich äußerlich gleichsam mit den Augen der andern zu sehen.

Entwicklungsgeschichtlich ist Scham zunächst Ausdruck einer „Vertreibung aus dem Paradies". Die allumfassende Einheit mit der Natur ist nicht mehr möglich. Dem Menschen ist verbaut, zurückzugehen in ein Dasein ohne Sorgen bzw. in einer utopischen „schönen neuen Welt" zu leben. Die „Vertreibung aus dem Paradies" ist aber gefolgt von einem andern Dasein, das selbst- und schambewusst ist. Dieser Umbruch ist so groß, dass er nicht mehr rückgängig gemacht werden kann. Der Mensch wird gleichsam nochmals geboren. Die erste Geburt ist seine Entstehung als Organismus. Die zweite Geburt ist sein mit Schmerzen verbundenes Werden zur Person.

Der dänische Philosoph Sören Kierkegaard hat geschrieben: „Und dies ist das Wunderbare des Lebens, dass jeder Mensch, der auf sich selber achtet, weiß, was keine Wissenschaft weiß, da er weiß, was er selber ist ...". Das Erleben seiner selbst geht potentiell mit Scham einher. Nur wer sich selber vorübergehend nicht mehr erfahren kann, z.B. weil er an einer schizophrenen Psychose leidet, ist auch befreit von Schamgefühlen. Deshalb ist die Scham kein Zeichen der Regression und kein Ausdruck einer psychischen Störung. Sie ist vielmehr ein teuer bezahltes Charakteristikum des Person gewordenen Menschen.

Der achtsame Umgang mit sich selbst

Das mögen die Wüstenväter tief erfahren haben, wenn sie die Scham empfindenden Menschen geachtet und geschützt haben. Es ging ihnen nicht darum, den Menschen als selbstbewusstes Wesen zu überschätzen oder seine schambewusste Selbstbesinnung als letztes Ziel zu sehen. Aber nur wer bei sich selbst beginnt, kann auch von sich ausgehen und sich auf die Mitmenschen ausrichten. Martin Buber hat im Nachdenken über die chassidischen Rabbis geschrieben: „Bei sich beginnen, aber nicht bei sich enden; von sich ausgehen, aber nicht auf sich abzielen; sich erfassen, aber sich nicht mit sich befassen."[9]

Ganz Ähnliches dürfte Abbas Antonius im Sinne gehabt haben, wenn er sagte: „Niemals habe ich meinen Vorteil dem Nutzen meines Bruders vorgezogen."[10]

Scham meint nicht, mit sich selbst Mitleid zu haben. Es geht auch nicht darum, sich ständig zu hinterfragen. Wer in Gedanken nur um sich selbst kreist, bleibt im Vergangenen stecken. Er kann nicht vorwärts schreiten und das Mögliche tun, weil er durch das Vergangene aufgehalten wird, das er am liebsten ungeschehen machen würde.

Scham ist insofern ein soziales Gefühl, als es die Fähigkeit voraussetzt, sich vorzustellen, was andere Menschen von einem denken. Diese Möglichkeit, sich im andern zu sehen, hat Scham mit dem Mitleid gemeinsam. Mitleid setzt voraus, dass man einem andern Menschein ein „Selbst" zuschreibt, wie man sich selbst als jemand erfährt, der sich selbst erkennen kann.

Scham ernst nehmen

Kleinkinder, die sich im Spiegel noch nicht erkennen, reagieren nach den Studien von Doris Bischof-Köhler[11] auch gleichgültig auf das Unglück eines anderen Menschen. Erst nachdem sie ein Bewusstsein von sich selbst entwickelt haben und sich im Spiegel erkennen, empfinden sie beim Anblick des Unglücks eines anderen Menschen Mitleid und beginnen sich für den Unglücklichen zu engagieren.

Was ich bin, „mein Selbst", ist keine Sache, die einmal konstruiert worden ist und dann einfach weiter besteht. Mein Selbst ist ein verletzbares Gewebe, das im Gegenüber zu anderen Menschen – von Angesicht zu Angesicht – entstanden ist und das ständiger Zeugenschaft bedarf. Zeuge des andern zu sein, in seiner Einzigartigkeit und Verletzlichkeit, ist deshalb auch eine der zentralen Aufgaben der Psychotherapie. Dem anderen immer wieder zu spüren zu geben: „Ich kann dein Erleben nachempfinden", gibt ihm Mut, das eigene innere Erleben vorbehaltlos anzunehmen. Die Biographie einer Person als durchgehende Geschichte mit einem „roten Faden" zu erfahren und die Schilderung seiner Erlebnisse in einem größeren sinnvollen Zusammenhang zu sehen, bestätigt ihr ihre unverwechselbare Identität. Deshalb reicht es m.E. nicht aus, als Psychotherapeut nur eine bestimmte Technik zu beherrschen, etwa analytisch einen Menschen zu spiegeln oder behavioristisch mit ihm ein angepassteres Verhalten einzuüben. Wo ein Mensch an sich selbst leidet, ist primär authentisches Mitgefühl nötig. Es gibt dem Patienten die Ge-

Der achtsame Umgang mit sich selbst

wissheit, einen aufrichtigen Zeugen seines Lebens zu haben.

Nach Auffassung der Wüstenväter ist es das Vorrecht der Menschen, Geschöpfe Gottes zu sein – zwar aus dem paradiesischen Einssein vertrieben, aber begabt mit Selbsterkenntnis und gerade deshalb aufgefordert, sich dem Trennenden zwischen den Menschen immer wieder neu zu stellen. Nicht um das Trennende aufzulösen, sondern um im anderen Menschen eine selbständige Person zu sehen – ein Selbst mit eigenen Bedürfnissen und Rechten.

Die Wüstenväter drücken Scham aus, wo Menschen beschämt werden, und Mitleid, wo Menschen den Frieden mit sich selbst und den Mitmenschen verloren haben. Scham und Mitleid aber vertragen sich schlecht mit Selbstgerechtigkeit und Stolz. Nach den gesammelten Aussprüchen der Wüstenväter zu schließen, scheint der Weg zur Hölle mit „Selbstgerechtigkeit" und „Selbstliebe" gepflastert zu sein. Mit dieser altertümlich anmutenden Rede drücken sie einen Sachverhalt aus, der in moderner psychoanalytisch geprägter Sprache im Begriff Narzissmus anklingt. Wer sich selbst im Angesicht der anderen Menschen nicht wiedererkennt und arm an Mitgefühl mit anderen Menschen ist, aber auch keine Empathie für sich selber hat, leidet an Narzissmus. Er ist in sich eingeschlossen, weil er sich auf andere nicht einlassen kann.

Demut statt Demütigung

Im Kampf gegen die narzisstische Ichbezogenheit werden die Wüstenväter nicht müde, die Demut zu betonen. Demut ist nun aber ein völlig außer Mode geratener Begriff. Er ruft auch deshalb Abwehr hervor, weil er mit einer masochistischen Unterwürfigkeit in Zusammenhang gebracht wird. Mit Demut wird vielfach eine Unterwürfigkeit assoziiert, wie sie teilweise von kirchlicher Seite gefördert worden ist und nicht wenig zur Entstehung von neurotischen Haltungen einzelner christlich gläubiger Menschen beigetragen hat. (Es wurde deshalb auch von sog. ecclesiogenen oder kirchlich bedingten Neurosen gesprochen.)

Die Wüstenväter verstehen unter Demut offensichtlich etwas völlig anderes. Wenn bei ihnen von Demut die Rede ist, meinen sie einen Mut oder ein Zumutesein, die der Schöpfung dienen (oder in ihrer Sprache: „Einen Dienst am Werke Gottes"). Eine solche Art Demut widersteht der Unterwürfigkeit gegenüber einem menschlichen Machtanspruch. Sie immunisiert gegen Demütigungen, die im Dienste einer fremden Macht stehen. Anders als ein stolzer Mensch kann eine bescheidene Person nicht leicht gedemütigt werden.

Ausspruch des Altvaters Antonius: „Ich sah alle Schlingen des Feindes über die Erde ausgebreitet. Da seufzte ich und sprach: Wer kann ihnen denn entgehen? Und ich hörte, wie eine Stimme zu mir sagte: Die Demut!" [12]

Der achtsame Umgang mit sich selbst

Die Bedeutung der Demut geht für die Wüstenväter aber noch über diese einfache Lebensweisheit hinaus. Sie wünschen sich Demut, weil sie davon ausgehen, dass der Mensch sich selbst überschreiten muss, um zu sich selber zu kommen. Erst wenn sein Ego in einer größeren Aufgabe aufgeht, wird er ganz Mensch. Es ist die Überzeugung der Wüstenväter, dass sich ein Mensch nicht selbst genügen kann. Selbst sein „Dienst am Werke Gottes" bleibt schal und lau, wenn er nicht über die eigenen Interessen hinausführt. Nur wo sich ein Mensch von einem Größeren befragt und herausgefordert fühlt, verliert sein Verhalten das egozentrische Element. Was er tut, wird dann zur Antwort. Dadurch verliert sein Handeln seine Ichbezogenheit, die sich in ungebrochener Selbstbespiegelung erschöpft. Es ist deshalb nach Meinung der Wüstenväter besser, demütig das praktisch Mögliche zu tun, als sich in ein narzisstisch geprägtes Ideal zu verstricken und sich skrupelhaft zu hinterfragen, was das Beste für einen selbst sei. Das ist auch der Sinn der schlichten Erzählung, die Altvater Poimen zugesprochen wird:

Ein Bruder sprach zum Altvater Poimen: „Wenn ich meinem Bruder ein wenig Brot oder etwas anderes gebe, dann entwerten es die Dämonen: Es sei gegeben, um den Menschen zu gefallen." Der Greis sagte: „Auch wenn es aus Gefallsucht geschieht, so wollen wir doch dem Bruder das Nötige geben." Er legte ihm folgendes Gleichnis vor: „Zwei Männer, die Bauern waren, wohnten in der gleichen Stadt. Der eine davon säte nur

78

> *wenig Saatgut und zwar ungereinigtes, der an-*
> *dere sparte sich das Säen und erntete überhaupt*
> *nichts. Wenn nun eine Hungersnot auftritt, wer*
> *von den beiden wird zu leben haben?" Der Bru-*
> *der antwortete: „Der, der wenig und Ungerei-*
> *nigtes gesät hat." Da sagte der Greis zu ihm:*
> *„Lass uns wenigstens ein wenig und wenn auch*
> *Ungereinigtes säen, damit wir nicht Hungers*
> *sterben."* [13]

Gerade für Menschen mit hohen Idealen kann das zwanghafte Hinterfragen, ob das eigene Tun auch dem Ideal entspricht, zur hemmenden Qual werden. Das anhaltende Grübeln behindert dann das mögliche Handeln. Demut im Sinne der Wüstenväter bedeutet also nicht, einem theoretischen Ideal nachzueifern. „Wenn du ein Herz hast, kannst du gerettet werden", sagt Abbas Pambo.[14] In die Sprache von heute über- setzt, heißt das wohl etwa: Solange du auf deine Emp- findungen hörst (und nicht nur kopflastig Gedanken nachjagst), kannst du Antwort finden.

Der bekannte Psychotherapeut Irving Yalom, der sich auch mit seinen belletristischen Werken („Als Nietzsche weinte", „Die rote Couch") einen Namen gemacht hat, sieht die Aufgabe des Psychotherapeu- ten nicht primär darin, den Hilfe suchenden Men- schen Verhaltens- oder Kommunikationsregeln zu vermitteln. Viel wichtiger sei es, interessierter Zeuge ihres Erlebens zu sein. Bei einer solchen Haltung wür- den die Widerstände deutlich, die eine Person daran hinderten, sich auf das Alltagsleben einzulassen. Sol- che Widerstände könnten dann mit dem Einverständ-

Der achtsame Umgang mit sich selbst

nis der Hilfe suchenden Person analysiert werden, um so dazu beizutragen, sie zu beseitigen.

Vom Ratschlag zum Dogma

Ein erfülltes Leben ist nach Auffassung der Wüstenväter kein Leben ohne Not. Es ist erst recht kein Leben ohne Versuchungen. Es kann durchaus ein unruhiges, unkonventionelles oder materiell erfolgloses Leben sein. Wie man erfüllt und gut lebt, ist nicht theoretisch zu lehren. Jeder hat seinen eigenen Weg zu finden. Trotzdem hat sich nach und nach eine Lehre entwickelt, welche die Erfahrungen der Wüstenväter zur Grundlage hat.

Die Wüstenväter haben sich zwar gehütet, ihre Erfahrungen in die Öffentlichkeit zu tragen. Es gab verständlicherweise dennoch Versuche, das Erfahrene in eine gewisse Systematik zu bringen. Insbesondere der von der griechischen Kultur geprägte Wüstenmönch Evagrius Ponticus hat seine Adepten in Briefen und Schriften über sein Denken in mehr oder weniger systematischer Weise unterrichtet. Daraus hat sich eine Lehre entwickelt, die in den Urtexten noch viele Widerhaken enthalten hat (so dass sie auch für das kirchliche Lehramt schwer verdaulich war und prompt auf den Index kam). Nach und nach haben jedoch andere Autoren wie Cassian die Überlieferung aufgenommen und popularisiert. Später hat sie eine noch weitergehende Umwandlung erfahren. Aus verführerischen Gedanken wurden Laster und aus Lastern schließlich im Mittelalter Todsünden gemacht. Da-

Vom Ratschlag zum Dogma

bei ging nicht nur das „anarchische Ideal der Wüste"
verloren. Auch einige zentrale Aussagen von Evagrius
sind in ihr Gegenteil verkehrt worden. So ist aus der
Leidenschaft, mit der die Wüstenmönche um Gott ge-
rungen haben und mit der sie sich gegen Besitz und
Selbstgerechtigkeit gestellt haben, eine Lehre gegen
die Leidenschaft und für den selbstgerechten Besitz
der Wahrheit geworden.

Eine solch tief greifende Umwandlung wurde dadurch erleichtert, dass Evagrius Ponticus die so genannte *Apatheia*, eine Art Leidenschaftslosigkeit,
zum Ziel eines mönchischen Lebens erhob. *Apatheia*
meint jedoch keine Apathie im heutigen Sinne, keine
Gefühllosigkeit und kein apathisches Darniederlie-
gen der Sinne. *Apatheia* ist für Evagrius die Ruhe der
Seele, für andere Wüstenmönche die „Herzensruhe".

> *Ein Bruder fragte den Altvater Rufos: „Was ist
> die Herzensruhe, und was ihr Nutzen?" Der
> Greis sagte: „Die Herzensruhe ist: in dem Kellion
> sitzen mit Furcht und Erkenntnis Gottes und
> sich fern halten von der Erinnerung an Erlittenes
> und von Hochmut. Eine solche Ruhe ist die Mut-
> ter aller Tugenden, sie bewahrt den Mönch vor
> den feurigen Geschossen des Feindes (Eph 6, 16)
> und lässt ihn nicht davon verwundet werden
> ..."*[15]

Apatheia ist also keine Seelen- oder Herzlosigkeit,
sondern hat nach Evagrius viel mit Barmherzigkeit,
Demut und Freude zu tun. Auch Tränen, die die Hart-
herzigkeit aufweichen, bereiten den Weg zu Gelas-

81

senheit. Evagrius nennt Apatheia auch „die Gesundheit der Seele". Statt dass sich die Gefühle und
Gedanken gegenseitig bekämpfen, stehen sie im Zustand der Apatheia miteinander in Einklang. Man
kann diesen Zustand aber nicht erzwingen. Evagrius
schreibt: „Dieser friedvolle Zustand stammt aus den
natürlichen elementaren Kräften der Seele."[16] Man
kann ihn nur zu fördern versuchen, indem man den
verführerischen Gedanken nicht nachgibt.

> *Abbas Evagrius sagte: „Schneide ab die Neigung*
> *zu vielem (d.h. zu vielerlei Dingen), damit nicht*
> *dein Sinn verwirrt werde und du nicht die Hal-*
> *tung der Herzensruhe zerstörst."*[17]

Wie wenig die Apatheia erzwungen werden kann,
zeigt in lapidarer Kürze ein Satz Abbas Theodor:
„Viele haben sich in dieser Zeit die Ruhe genommen,
ehe Gott sie ihnen gewährte."[18] Die Differenz zwischen einer selbstgerechten Lehre und dem bescheidenen Alltag der Wüstenväter macht folgende Geschichte deutlich:

> *Ein Bruder saß in der Kellia, und durch die Ein-*
> *samkeit kam er in Unruhe. Er ging zum Altvater*
> *Theodor von Pherme und sagte es ihm. Da be-*
> *lehrte ihn der Greis: „Wohlan, demütige dein*
> *Denken, ordne dich unter und bleibe bei den an-*
> *dern." Er kam wieder zum Altvater zurück und*
> *eröffnete ihm: „Auch unter den Menschen finde*
> *ich keine Ruhe!" Der Alte sagte darauf: „Wenn*
> *du allein nicht zur Ruhe kommst und auch unter*
> *den anderen nicht, wozu bist du dann ein Mönch*

*geworden? Etwa nicht, um Bedrängnis zu dul-
den? Sage mir, wie viele Jahre trägst du eigentlich das Mönchsgewand?" Er sagte: „Acht!" Da
sagte nun der Greis: „Wirklich, ich zähle siebzig
Jahre in diesem Kleide, und keinen Tag habe ich
Ruhe gefunden – und du mit deinen acht ver-
langst Ruhe zu haben?" Als der Bruder das
hörte, ging er gestärkt davon."* [19]

Woraus besteht nun die Lehre von Evagrius Ponticus,
aus der im 6. Jahrhundert die Lehre der sieben Laster
und im Mittelalter die Lehre der sieben Todsünden
entstanden ist? Es ist die Erfahrung vieler Wüstenväter, dass nicht nur sinnliche Begierden und menschliche Sehnsüchte, sondern auch feinsinnige Gedanken
einen Menschen abhalten können, die nötige Ruhe
zur Kontemplation zu finden. Indem die Vorstellungen einen Menschen auf etwas ausrichten, das nur in
der Phantasie besteht, aber im Moment nicht gegen-
wärtig ist, hindern sie ihn auch daran, in die umfassende Präsenz der Wirklichkeit einzutreten.

Evagrius Ponticus hat nun versucht, diese Hinder-
nisse auf dem Weg zur „Reinheit des Herzens" in ein
System zu bringen. Er war aber nicht der Meinung,
dass sich diese Gedanken unterdrücken lassen. Viel
wichtiger sei es, sich ihnen entgegenzustellen. Denn
die Gedanken als solche haben keine unmittelbare
Wirkung. Es braucht den Menschen als „Wirt", um
aus zufliegenden Gedanken – wir würden heute sagen: aus Informationsbits – eine personale Problematik zu machen. Nur der Mensch als Person kann Gedanken umsetzen und so Wirkung erzeugen.

Gerade deshalb war es so gefährlich, aus gedanklichen Verführungen Laster oder gar Todsünden zu machen. Denn damit wurde das Missverständnis gefördert, die aufkommenden Gedanken hätten eine magische Wirkung und müssten mit allen Mitteln fern gehalten oder unterdrückt werden. Ein solcher Versuch ist aber von vornherein zum Scheitern verurteilt. Wie Zwangskranke durch ritualartige Abwehrhandlungen die aufgezwungenen Gedanken nur noch verstärken, erhalten auch die gedanklichen „Versuchungen" gesunder Personen durch unterdrückende Verbote nur zusätzlichen Auftrieb.

Evagrius Ponticus zählt insgesamt acht „Versuchungen" auf, die einen Menschen nicht zu Ruhe kommen lassen. (An einer Stelle nennt er unter Einbezug von Neid auch neun Versuchungen). Er teilt sie in drei Gruppen ein. Die *ersten* drei „Versuchungen" betreffen natürliche Triebe und Bedürfnisse. Sie beinhalten die Lust am Essen und Trinken („Völlerei"), die sexuelle Begierde („Wollust") und das Besitzstreben („Habsucht, Geiz"). In psychoanalytischer Sprache könnte man von oraler (mundbetonter), genitaler (geschlechtsbetonter) und analer (kotbetonter) Lust sprechen. Aber nicht die orale, anale oder genitale Lust ist für Evagrius Ponticus das Problem. Erst der ich-betonte, narzisstische Gebrauch dieser Lüste entfremdet sie zum Objekt menschlicher Eigenliebe und Selbstverfallenheit.

Die zweite Gruppe betrifft zwischenmenschlich hervorgerufene Emotionen – Traurigkeit, Wut und Ekel. Auch sie sind nicht an sich negativ zu bewerten. Ganz im Gegenteil. Traurigkeit, Wut und Ekel mögen

84

zwar unangenehm sein, doch sind sie für die Orientierungen im Leben von grundlegender Bedeutung. So bewahrt uns z. B. das Ekelgefühl vor Schädigung. Es lässt uns etwas unmittelbar zuwider sein und verhilft uns damit zur Abgrenzung. Erst der Gebrauch der Emotionen zur Erreichung eigener egoistischer Ziele kann die Gefühle von Traurigkeit, Wut und Ekel problematisch machen. Dieser Missbrauch führt nach Evagrius zur vierten bis sechsten Verführung.

Der vierte Dämon der Traurigkeit ist dadurch charakterisiert, dass der Mensch an der Vergangenheit hängt. Er lässt das Verlorene nicht unter Tränen zurück, sondern sucht es in traurigen Gedanken zu bewahren.

Eng verbunden mit solchen traurigen Gedanken ist die Wut (genauer der Zorn). Wer in Gedanken am Verlorenen haftet, entwickelt leicht zornige Gedanken über Personen, die zum Verlust beigetragen haben. Statt Wut zu empfinden und sich damit vom Verletzenden zu distanzieren, dient der zornige Gedanke dazu, den eigenen Besitzanspruch zu rechtfertigen und den anderen ins Unrecht zu setzen. Ärgerliche und zornige Gedanken spiegeln im Grunde eine moralisierende Haltung wider, die der Eigenliebe dient. (vgl. nächstes Kapitel)

Die sechste Versuchung ist der Ekel bzw. der Überdruss, die sog. *Akedia*. Sie bildet für Evagrius eine ganz zentrale Problematik. Sie soll uns im übernächsten Kapitel – im Zusammenhang mit depressiven Verstimmungen – ausführlich beschäftigen.

Die *dritte* Gruppe „dämonischer Gedanken" heben sich von den vorgenannten insofern ab, als sie weder die leiblichen Bedürfnisse noch die seelischen Emotionen betreffen. Vielmehr spielen sie sich ausschließlich im geistigen Bereich ab. Über die siebte Verführung, die „Ruhmsucht", schreibt Evagrius: „Der Gedanke der Ruhmsucht ist ein recht schwieriger Geselle. Er entsteht gern in Menschen, die tugendhaft leben möchten. In ihnen weckt er das Verlangen, andern mitzuteilen, wie schwierig ihr Ringen sei. Sie suchen damit die Ehre der Menschen."[20]

In der Ruhmsucht kommt die Selbstliebe unverstellt zum Ausdruck.

> *„Evagrius vergleicht die Ruhmsucht mit einem durchlöcherten Geldbeutel. Man tut den Lohn seiner Kämpfe hinein. Doch er behält nichts. So verdirbt die Ruhmsucht alle Anstrengungen um den Sieg. Sie lässt den Mönch aus einer falschen Motivation heraus kämpfen, nicht um für Gott offen zu werden, sondern um den Menschen zu gefallen. Damit orientiert er sich jedoch an Äußerem und verliert den ehrlichen Blick für sich selbst. Manch einer, der sich mit hohen Idealen identifiziert, erliegt der Versuchung der Ruhmsucht. "[21]*

Der achte verführerische Gedanke „Stolz" ist für Evagrius nicht nur die letzte, sondern auch die gefährlichste Verführung. C. G. Jung hat die damit zusammenhängende Haltung „Inflation" genannt. Ein stolzer Mensch bläht sich wie ein Ballon auf und verliert damit die Bodenhaftung, die Humilität (humus, lat.: der Boden). Nach C. G. Jung führt diese Haltung zur Selbstentfremdung, zum Verlust der inneren Konsis-

Vom Ratschlag zum Dogma

tenz und damit zum Zusammenbruch des seelischen Gleichgewichts.

Allen hier aufgeführten Gedanken ist eine Verführung zum Haben gemeinsam. Alle haben sie eine Entfremdung vom Sein zur Folge. Die ersten drei verführerischen Vorstellungen (Völlerei, Wollust und Habsucht) benutzen den Körper und anderes Körperhaftes, um sich selbst zu befriedigen. Es geht um ein materielles Haben. Die mittleren Verführungen (Traurigkeit, Zorn, Ekel) benutzen die menschlichen Emotionen, um im zwischenmenschlichen Kontakt andere Personen in Besitz zu nehmen. Sie verfolgen ein seelisches Haben. Die letzten Verführungen (Ruhmsucht, Stolz) spielen dem Menschen vor, dass er sich selber besitzen kann. Es geht um ein geistiges Haben.

Evagrius Ponticus war der Meinung, dass er mit dieser Auflistung von Gedanken alle grundlegenden menschlichen Probleme erfassen könne. In ähnlicher Weise haben moderne psychologische Lehren in mannigfacher Weise die seelische Problematik in einzelne Elemente aufzulösen versucht. Nahezu übereinstimmend mit der Lehre von Evagrius ist vor einigen Jahren das so genannte Enneagramm entwickelt worden. Es soll dem Menschen ein Raster vorgeben, mit dessen Hilfe er entdecken kann, was sein Hauptproblem ist und wie er es lösen kann.

Jede Systematik trägt jedoch die Gefahr in sich, das seelische Erleben zu einer objektivierbaren Sache zu machen. Auch Evagrius ist als Schüler des Origines (eines gnostisch orientierten Theologen) dieser Gefahr nicht ganz entgangen. Im Gegensatz zu anderen

Der achtsame Umgang mit sich selbst

Wüstenmönchen hat die Systematisierung und Vergeistigung des Lebens bei ihm einen besonders hohen Stellenwert eingenommen. Hinter einem solchen Versuch, das Leben in eine systematische Ordnung zu bringen oder es ganz zu vergeistigen, kann ein grundsätzliches Misstrauen dem Leben gegenüber stehen. Dieses wird nicht als Geschenk gesehen, das man unhinterfragt annehmen darf. Vielmehr gilt es, das Leben in den Griff zu nehmen. Eine solche Verdinglichung (oder Ver-sach-lichung) macht es aber praktisch unmöglich, ein authentisches Leben zu führen. Man sieht sich immer als „etwas", nicht als „jemand", und neigt zum Vergleich und zur Bewertung.

So hat auch die Systematisierung des Evagrius Ponticus vielfach dazu gedient, eine Vorstellung davon zu gewinnen, wie man als Mann oder Frau sein sollte. Sie wurde nicht als Mittel gegen die Verdinglichung und gegen das Inbesitznehmen des Menschen eingesetzt, sondern ihrem Zweck immer mehr entfremdet und zu einem „Du sollst diesem Bild entsprechen" gemacht. Der Mensch entspricht aber keinem Bildnis, das man von ihm macht. Es ist ihm ein inneres Erleben eigen, das nicht abbildbar ist.

Viele psychische Störungen hängen damit zusammen, dass diesem persönlichen Erleben keine Daseinsberechtigung gegeben wird. So dürfen z. B. Traurigkeit, Angst oder Wut nicht sein. Man macht sich von diesen Gefühlen ein Bild, das mit der idealen Vorstellung von sich selbst nicht vereinbar ist.

Viele Angststörungen, die sich heutzutage als Panikzustände oder Phobien geradezu epidemisch verbreiten, sind darin begründet, dass das Angsterleben

Vom Ratschlag zum Dogma

mit unterschiedlichen Mitteln abgewehrt wird. Die Angst wird nicht als natürliches Phänomen angenommen, sondern in der Vorstellung zu einer gefährlichen Sache gemacht. Dadurch ist das Angsterleben viel mehr als nur ein höchst unangenehmes Fühlen: Die als Objekt vorgestellte Angst wird zum Feind. Um dem gefürchteten Gegner auszuweichen, werden alle Situationen gemieden, in denen Angst auftreten könnte. Davon kann jedoch so vieles betroffen sein, dass die Bewegungsfreiheit eines Menschen stark eingeschränkt wird.

> Doch lässt sich das Angsterleben nicht immer durch Vermeidung eingrenzen. Betreffen die Befürchtungen den eigenen Leib – wird also z. B. das Aussetzen des Herzens oder ein Versagen der Atmung befürchtet –, so ist die vorgestellte Gefahr nicht durch simple Vermeidungen einzudämmen. Die Angst schaukelt sich, von immer schlimmeren Befürchtungen genährt, zur Panikattacke hoch. (Kapitel 1, S. 51 ff.)

In vergleichbarer Weise kann die Abwehr von Angst auch zu Zwangsstörungen führen. In diesem Fall wird z. B. eine befürchtete Ansteckung durch Bakterien durch ritualartiges, manchmal Stunden dauerndes Waschen abzuwehren versucht. Auch abgewehrter Ekel kann einen Waschzwang unterstützen. Weil sich eine Person vor Schmutz ekelt, sucht sie sich auf immer intensivere Weise rein zu waschen. Auf die gleiche Weise trägt das krampfhafte Vermeiden von Traurigkeit dazu bei, dass die nötige und hilfreiche Trauerreaktion verzögert einsetzt, nicht richtig ablaufen kann und deshalb unter Umständen chronisch wird.

Vom Unterdrücken der Gefühle
zu deren Manipulation

In noch viel grundlegenderer Weise kann die anhaltende Unterdrückung der Gefühle zu einer „Panzerung" des Charakters beitragen. Wird es einem Menschen zur Gewohnheit, Gefühlen skeptisch gegenüber zu stehen und sie wie Eindringlinge möglichst von sich fern zu halten, engt sich seine Persönlichkeit ein. Parallel zu seiner Erlebensweite wird auch der Spielraum im Alltag immer kleiner. Der unkonventionelle und später häretische Psychoanalytiker Wilhelm Reich hat zu Beginn des 20. Jahrhunderts die Charakterpanzerung als Ausdruck eines rational-puritanischen Zeitalters in ihren verschiedensten Facetten beschrieben.

Heute zeigt sich die vorherrschende Gefühlsproblematik in anderer Form. An die Stelle einer stark um Beherrschung ringenden Person ist im Zeitalter des Neoliberalismus tendenziell eine hin- und hergerissene Persönlichkeit getreten, die um ihre Identität kämpft. In unserer spätmodernen Zeit, die durch hoch entwickelte Technik, freien Markt und Globalisierung charakterisiert ist, wird mehr Gewicht auf Schnelligkeit, Flexibilität und Anpassungsfähigkeit gelegt als auf die alten Tugenden der Beständigkeit und der Treue. Konsequenterweise sind die Biographien von immer mehr Menschen durch ständig

Vom Unterdrücken der Gefühle zu deren Manipulation

wechselnde Lebenssituationen und Brüche gekennzeichnet. Je unbeständiger sich aber ein Mensch erfährt, desto mehr wird er versuchen, intensive Gefühle zu erleben, um sich in aller Unbeständigkeit und Wechselhaftigkeit dennoch selbst zu spüren. Je mehr jedoch Emotionen stimuliert werden, desto mehr wird auch der Eindruck entstehen, dass sie etwas Äußerliches sind, das manipuliert werden kann. Damit droht aber der Gefühlsbereich des spätmodernen Menschen zu etwas Künstlichem zu werden. Es besteht die Gefahr, dass das Erleben in verschiedene Bereiche aufgespalten wird.

Es kommt wohl nicht von ungefähr, dass neue Formen seelischer Beeinträchtigung und Störung aufgetreten sind, die von diesem Hin- und Hergerissensein des modernen Menschen zeugen. So wird unter dem Begriff „multiple Persönlichkeitsstörung" ein Krankheitsbild definiert, bei dem eine Person – wie Zelig im gleichnamigen Film von Woody Allen – zwei oder mehrere Identitäten aufweist. Sehr viel häufiger findet sich heute auch die so genannte Borderline-Persönlichkeitsstörung, die durch eine unsichere Selbstidentität sowie eine Instabilität der zwischenmenschlichen Beziehungen und der eigenen Befindlichkeit charakterisiert ist.

Therapeutisch erscheint es gerade in der heutigen Situation wichtig, das emotionale Erleben zu schützen. Vor allem sublime Gefühle sind in der Gefahr, in der emotionalisierten Atmosphäre einer Eventkultur unterzugehen. Denn in allem modernen Erlebenshunger besteht die Gefahr, dass das eigene Fühlen zu etwas Fremdem, einer Art emotionalem Implantat,

Der achtsame Umgang mit sich selbst

wird. Gerade moderne Menschen sind im Fühlen von Traurigkeit, Freude, Ekel, Wut und Angst unter Umständen nicht „sie selbst", sondern stehen dem Gefühlten gegenüber, als gehöre es nicht zu ihnen, sondern sei eine durch Stimulation herstellbare und konsumierbare Sache.

Vor diesem Hintergrund kann es hilfreich sein, an die Verführungslehre des Evagrius Ponticus neu anzuknüpfen. Im ursprünglichen Sinne dieser Lehre wird nicht das Fühlen in Frage gestellt, sondern der verführerische Gedanke, man könne sich Gefühle zum Besitz machen und dadurch glücklich werden. Wenn *Apatheia* oder Leidenschaftslosigkeit nicht als Fühllosigkeit, sondern als Gelassenheit, als Verzicht auf ein „Haben" oder eine Besitznahme von Gefühlen, interpretiert wird, ist es auch verständlicher, dass sich die Wüstenmönche ihrem eigenen Empfinden und Fühlen in Kontemplation und Meditation uneingeschränkt zu öffnen suchten. Sie suchten sich und Gott zu finden im achtsamen Hören auf das eigene Erleben. Erst das uneingeschränkte Vertrauen auf ihre „innere Stimme", die durch den Leib spricht, ließ sie die „Ruhe des Herzens" wenn nicht immer finden, so wenigstens erahnen.

KAPITEL 3

Wo Wut zugelassen wird, lässt sich Zorn überwinden

Ein besonderes Problem ist für Evagrius Ponticus der Gedanke des Zornes, die so genannte fünfte Versuchung. Der Zorn (lat. *ira*) stellt auch für die anderen Wüstenväter eine mächtige und ganz entscheidende Herausforderung dar.

Ein Bruder, der in einem Kloster lebte und häufig zornig wurde, sprach zu sich selbst: Ich will in die Einsamkeit gehen, denn wenn ich niemanden mehr habe, mit dem ich streiten kann, wird sich vielleicht meine Leidenschaft legen. Als er aber in die Einöde gezogen war und allein in einer Höhle wohnte, geschah es, dass er eines Tages, als er seinen Wasserkrug gefüllt und auf den Boden gestellt hatte, zufällig etwas Wasser verschüttete. Als er den Krug ein zweites und drittes Mal wieder gefüllt hatte, nachdem ihm das Missgeschick immer wieder passierte, packte er den Krug und zerschlug ihn in Stücke. Nachdem er sich wieder gefasst hatte, sah er erst ein, dass ihn der Geist des Zornes verblendet hatte, und er sprach zu sich: Sieh, nun bin ich zwar allein, aber der Geist des Zornes hat mich auch hier er-

fasst. Ich will daher wieder in mein Kloster zu-
rückkehren, denn überall muss ich kämpfen und
ertragen und bin auf Gottes Beistand angewie-
sen. Damit machte er sich auf und kehrte wieder
an seinen vorigen Platz zurück.[1]

Ärger und Zorn haben mit frustrierten Wünschen und Rechten zu tun. Sie setzen oft nach einer Kränkung ein, können also als emotionale Antwort auf eine Beleidigung oder einen ungerechtfertigten Angriff verstanden werden. So haben es bereits die Philosophen vor und nach der Zeit der Wüstenmönche gesehen, etwa Platon und Aristoteles in der griechischen Antike oder Descartes zu Beginn der Aufklärung. Das ist auch der Grund, weshalb Ärger schon sehr früh in Verbindung mit Rachegefühlen gebracht worden ist. Selbst die Vorstellung Gottes ist von diesem anthropomorphen Muster beeinflusst worden. So soll sich Gott über die Menschen geärgert und schließlich an ihnen gerächt haben.

Die moderne Psychologie hat diese alte philosophische Vorstellung weitgehend übernommen. Auch nach aktueller Auffassung ist Ärger ein Gefühl, das durch ungerechtfertigte und gezielte Benachteiligung ausgelöst wird. Nach der Psychotherapeutin Verena Kast tritt Ärger fast immer auf, wenn jemandem der Respekt versagt worden ist. Oder wenn jemand sich ausgenutzt vorkommt: „Dieser Aspekt des Angriffes auf das Selbstkonzept, der zwar immer auch in der Ärgerforschung mitbedacht worden ist, ist heute zentral wichtig geworden. Wir ärgern uns vor allem dann, wenn wir uns in unserer Integrität nicht gesehen, nicht respektiert fühlen und wir dann das Gefühl haben, wir müssten unsere Grenzen neu bestimmen, neu setzen und dafür sorgen, dass sie auch respektiert werden."[2]

Der Psychologe und Emotionsforscher James Averill hat in vielen Studien herausgearbeitet, dass sich Menschen vor allem dann ärgern, wenn sie davon ausgehen, dass Mitmenschen ihnen bewusst einen Schaden oder Nachteil zugefügt haben (der ohne böse Absicht oder ohne Nachlässigkeit dieser Mitmenschen nicht eingetreten wäre).

Ein Beispiel: Herr X ärgert sich z. B. furchtbar über einen Nachbarn, weil ihm zugetragen worden ist, dieser habe schlecht über ihn geredet. Wenn Herr X sich dann aber überzeugen kann, dass sein Nachbar die vermeintlichen Worte gar nicht gesprochen und etwas ganz anderes ohne böse Absicht geäußert hat, verfliegt sein Ärger. Diese Regel hat zwei Ausnahmen: Es kann sein, dass sich Herr X schon derart stark in eine gehässige Ablehnung des Nachbarn hineingesteigert hat, dass sich auch nach Entkräftung des Gerüchts seine Wut nicht mehr beschwichtigen lässt. Oder es kann der Fall eintreten, dass Herr X durch andere widrige Umstände anhaltend gespannt und erregt ist, so dass die Entkräftung des Gerüchts keine Wirkung zeigt. Nach vielfältigen Untersuchungen hat sich nämlich erwiesen, dass Ärger eher und länger auftritt, wenn eine Person sich in einem inneren Spannungszustand befindet oder vielfältigen anderen aggressiven Reizen ausgesetzt ist. Diese Bedingungen begünstigen das Auftreten und das Anhalten einer ärgerlichen Reaktion.

Auch die Wüstenväter haben Ärger und Zorn in

Wo Wut zugelassen wird, lässt sich Zorn überwinden

Zusammenhang mit Enttäuschung und unerfülltem Begehren gebracht. Wörtlich schreibt Evagrius:

> *„Der Zorn ist die heftigste der Leidenschaften. Er ist ein Aufwallen des erregbaren Teiles der Seele, das sich gegen jemanden richtet, der einen verletzt hat, oder von dem man sich verletzt glaubt. Er reizt ohne aufzuhören die Seele dieses Menschen und drängt sich vor allem während der Gebetszeit ins Bewusstsein. Dabei lässt er das Bild der Person vor seinen Augen aufsteigen, die ihm Unrecht getan hat. Manchmal hält er längere Zeit an und wandelt sich dabei zum Groll, der schlimme Erfahrungen während der Nacht verursacht. Meistens wird der Körper dadurch geschwächt ..."* [3]

> *Ein Altvater pflegte zu sagen: „Ich enthalte mich deshalb aller fleischlichen Lüste, damit ich auch jede Gelegenheit zum Zorne abschneide; denn ich weiß, dass der Zorn immer wegen der Lüste gegen mich streitet und mein Gemüt verwirrt und mir den Verstand raubt."*

> *Der Altvater Euprepios sprach: „Alles Leibliche ist materiell. Wer die Welt liebt, liebt, was zum Anstoß (zum Ärgernis) wird."* [4]

Wer sich ärgert oder über einen andern Menschen zornig ist, droht für den anderen zum Ärgernis zu werden. Ärger löst Verärgerung aus. Einen andern Menschen zu verärgern, bedeutet für die Wüstenmönche aber eine Verletzung der Würde des andern Menschen. Viele Geschichten der Apophthegmen handeln davon, dass mit Mitmenschen und Nachbarn, mit denen man aus Verärgerung in Streit geraten ist, möglichst umgehend Frieden zu schließen sei. Es erscheint den Wüstenmönchen besonders problematisch, eine Verärgerung über längere Zeit anstehen zu lassen. Immer wieder wird auf das Wort von Paulus verwiesen: „Lasset die Sonne nicht über eurem Zorn untergehen." (Eph 4, 26)

> Besonders eindrücklich äußert sich Amma Synkletika: „Es ist gut, sich nie zu erzürnen. Wenn es aber geschieht, dann billige dir auch nicht die Spanne eines Tages für deine Leidenschaft zu. Sage lieber: Die Sonne soll nicht untergehen (Eph 4, 26) … „Was hasst du den Menschen, der dich gekränkt hat? Er ist nicht selber der Unrechttäter, sondern der Teufel. Hasse die Krankheit, aber nicht den Kranken!"[5]

Niemand ärgert sich gerne. Ärger ist ein unbeliebtes Gefühl. Zudem hat es einen moralischen Beigeschmack. Wer sich über einen andern ärgert, wirft ihm indirekt vor, einen Fehler oder eine Ungerechtigkeit begangen zu haben. Das hat mit der eingangs beschriebenen Tendenz zu tun, dass Ärger durch Enttäuschungen ausgelöst wird und mit vorwurfsvollen Gedanken einhergeht. Im Ärger ist eine Person nicht nur wütend, sondern auch überzeugt, nicht verdient zu haben, was ihr passiert ist. Aus selbstverständlicher Wut wird selbstquälerischer Missmut.

Es reicht dann nicht aus, dass jemand kurz wütend ist und mit dieser befreienden emotionalen Reaktion einen Angreifer auf Distanz hält. Aus der (unvermeidbaren) Wut wird eine (häufig vermeidbare) Kränkung, die weder dem eigenen Ich noch der Person, die den Ärger ausgelöst hat, gut tut.

Sobald sich aber Wut mit Gekränktsein verbindet, fühlt man sich schlecht und ist deshalb geneigt, die zugrunde liegende Wut mit den ärgerlichen Gedanken beiseite zu schieben. Wut ist aber ein Gefühl, das sich nicht so leicht unterdrücken lässt. Wut ist eine angeborene Reaktionsfähigkeit, die zwar in ihren Verhaltensfolgen kontrolliert werden kann, aber als leibliches Grundgefühl nicht auszuschalten ist. Äußerungen von Wut finden sich schon bei dreimonatigen Säuglingen. Solange sie sich nicht mit Kränkungen des Selbstbewusstseins und ärgerlichen Gedanken verbinden, klingen sie ebenso rasch ab, wie sie aufgetreten sind. Erst bei größeren Kindern – etwa ab der Trotzphase – und bei Erwachsenen können sie längere Zeit anhalten, weil sich die betroffene Person ins Unrecht gesetzt und in ihrem Stolz verletzt fühlt.

Das deutsche Wort „Ärger" leitet sich von arg (böse, schlecht) ab und verweist bereits durch seine Herkunft auf eine moralische Bewertung (vergl. auch den Ausdruck: „Jemandem etwas verargen"). Wer „sich ärgert", ist selbst vom Ärger betroffen. (Das zeigt die reflexive Form des Verbes.)

Demgegenüber verweist das Wort „Wut" auf die körperliche Erregung eines im Extremfall rasenden Menschen. (Der alte germanische Wortstamm „wuot" für „unsinnig", „toben" findet sich im Götternamen Wuotan als Inbegriff eines rasenden Gottes). Wer wütend ist, ist über jemanden oder etwas, aber nicht notwendigerweise über sich selbst wütend. In der Wut drückt sich eine emotionale Kraft aus. Man hat eine „Wut im Bauch". Die Wut wird vor allem körperlich empfunden und richtet sich nach außen.

Demgegenüber hat Ärger stärker mit der Gedankenwelt zu tun. Weil im Ärger eigene Gedanken auftreten, die eine Sache als „arg" oder schlecht einschätzen, wird der Ärger zum Ärgernis und droht zum anhaltenden Problem zu werden.

Wut, Ärger und schließlich Zorn – als Verbindung von beidem – stellen also nicht nur quantitative Abstufungen der gleichen Emotion dar. Sie unterscheiden sich auch qualitativ. Wut geht von einem Menschen aus und schafft ihm Raum. Sie setzt anderen Menschen Grenzen. Wut ist grundsätzlich ein befreiendes Gefühl.

Ärger richtet sich nach innen und frisst sich in einen Menschen ein. Er geht von Kränkungen und Gedanken aus, die einen Menschen in Frage stellen. Ärger führt deshalb oft zu selbst-blockierendem Grübeln und Hadern.

Zorn ist weder mit Wut noch mit Ärger identisch, hat aber mit beiden zu tun. Von seiner Wortbedeutung her leitet sich „Zorn" – allerdings unsicher – von „Zehren" (‚zerreißen, häuten') ab. Im Zorn versuchen wir etwas oder jemanden unschädlich zu machen oder gar zu vernichten.

Psychologisch hängt Zorn mit unserem Sinn für Gerechtigkeit zusammen und geht meist mit Rachegefühlen einher. Ein in seinem vermeintlichen Recht verletzter Mensch zürnt oder grollt. Er sucht grimmig Streit, um eine Gesetzesverletzung oder Beleidigung, die ihn getroffen hat, aus der Welt zu schaffen. Wir

Wo Wut zugelassen wird, lässt sich Zorn überwinden

sind im Namen einer sozialen Norm zornig und in der Regel von der Rechtmäßigkeit unseres Zornes überzeugt.

Es ist wohl kein Zufall, dass sich die Wüstenmönche hauptsächlich gegen die ärgerlichen Gedanken und den Zorn gewandt haben. So warnte Evagrius gegen Gedanken, die zu Zorn führen und mit Verärgerung einhergehen: „Gib dich auch nicht auf die Art dem Zorne hin, dass du dich in Gedanken mit dem streitest, der dich verärgert hat ... (Dieses) verdüstert nur deine Seele ...".[6] Viel besser sei es, nicht auf die ärgerlichen Gedanken zu hören und sie zu meiden.

Abbas Johannes Kolobos erzählt: „Als ich einmal mit einem Seile in der Sketis unterwegs war, begegnete mir ein Kameltreiber. Er begann eine Unterhaltung und reizte mich zum Zorn. Da ließ ich meine Sachen liegen und entfloh".[7]

Demgegenüber wird die emotionale Kraft der Wut von Evagrius sogar als Waffe gegen „dämonische Gedanken" gerühmt. „Zornig (im Sinne von wütend) dürfen wir sein, wenn wir uns gegen die Dämonen wenden ...".[8] Das heißt wohl in altertümlicher Sprache nichts anderes, als dass aufkommende Wut vor fremden Übergriffen schützen kann. Evagrius ist auch der Meinung, dass wir oft erst Ruhe finden, wenn wir zuvor selbstgerechte Ansprüche mit Wut von uns weisen. Er versteht Wut somit als ersten Schritt zur Befreiung.

Cassian, der mit seinen Werken die Wüstenväter im römischen Weltreich bekannt gemacht hat, verweist auf die Wut, die Jesus nach den Berichten der

100

Evangelien ergriffen haben dürfte, als er sah, dass das Gebetshaus zum Kaufhaus gemacht wurde.

Und Jesus ging zum Tempel Gottes hinein und trieb heraus alle Verkäufer und Käufer im Tempel und stieß um der Wechsler Tische und die Stühle der Taubenkrämer und sprach zu ihnen: Es steht geschrieben: „Mein Haus soll ein Bethaus heißen, ihr aber habt eine Mördergrube daraus gemacht." (Mt 21, 12 und 13)

Wut besitzt eine Kraft, die positiv gelebt werden kann. Wenn wir darüber wütend werden, dass unsere Gedanken ständig um frühere Verletzungen kreisen, wenden wir uns dagegen, dass die Vergangenheit Macht über uns gewinnt. Wenn das ständige Nachgrübeln über frühere Verluste und Beschämungen uns wütend macht, lässt die Wut uns darauf aufmerksam werden, dass die Erinnerung an Menschen, die uns gedemütigt haben, unserer Entwicklung im Wege steht. Wenn uns Menschen auf aggressive Weise in Frage stellen, verhilft die aufkommende Wut dazu, dass wir uns von ihnen abgrenzen.

Dabei muss die verspürte Wut nicht mit verletztem Stolz oder Rachegefühl einhergehen. Im Gegenteil verhindert das unmittelbare Erleben der Wut das Aufkommen von weiteren Gedanken, die uns selbst in Frage stellen. Denn Wut stärkt das Selbstgefühl. Wer Wut zulässt, erfährt eine energetisierende Kraft. Er wird darin bestärkt, dass das Leben im Fluss ist und verändert werden kann. Wer hingegen nicht mehr wütend reagieren kann, ist fatalistisch von der Übermacht der Fakten oder des Schicksals überzeugt.

Wo Wut zugelassen wird, lässt sich Zorn überwinden

Depressive Menschen zeigen solche Reaktionen oft in aller Deutlichkeit.

So hat sich in der Psychotherapie mit Menschen, die äußerst verletzende Erfahrungen gemacht haben – etwa mit Vergewaltigungsopfern – gezeigt, dass das Wieder- oder Neuerleben von Wut eine Voraussetzung dafür ist, das Trauma zu verarbeiten. Man kann sich mit einem Ereignis oder einer Person, die einen zutiefst verletzt hat, erst auseinander setzen, wenn aufkommende gelebte Wut eine Grenzziehung möglich gemacht hat.

Auch der Klostergründer Benedikt von Nursia warnt vor einem vorzeitigen „falschen Frieden". Ein Friedensschluss um jeden Preis, der eine Unterdrückung der Wut zur Voraussetzung oder zur Folge hat, führt häufig zu einem länger anhaltenden Krieg. Das gilt nicht nur in zwischenmenschlichen Beziehungen, sondern auch bezüglich der inneren Konfliktlage eines Menschen. Unterdrückte Wut steht dem inneren Frieden genauso entgegen, wie machtpolitisch motivierte Unterdrückung von Unzufriedenheit und Wut das Finden einer langfristig tragfähigen sozialen Lösung erschwert. In beiden Fällen kann eine (innere oder äußere) autoritäre Struktur verhindern, dass Grenzen gezogen werden, die für ein freies Leben nötig sind. Vereinfacht gesagt, nimmt eine echte (innere oder äußere) Autorität aufkommende Wut als Zeichen dafür an, dass sich ein Mensch von etwas distanzieren muss. Deshalb ist es für einen religiösen Menschen auch eine Hilfe, sich vorzustellen, dass er seine Wut Gott hinhalten kann, im Vertrauen darauf, damit angenommen und nicht zurückgewiesen zu werden.

Wo Wut zugelassen wird, lässt sich Zorn überwinden

Sigmund Freud hat auf die Möglichkeit hingewiesen, dass sich unterdrückte Wut gegen eine andere Person schließich gegen die Person, die die Wut unterdrückt, selbst richten kann. In einem solchen Fall ist die wütende und meist verärgerte Person mit sich selbst uneins. Sie schlüpft gleichsam in die Rolle des Angreifers und grenzt sich wütend von sich selbst ab, indem sie ihr „Selbst" anklagt.

In dieser masochistisch anmutenden Rollenumkehr identifiziert sich die angegriffene Person mit dem Angreifer: „Du hast ganz Recht, dass du mich so aggressiv behandelst. Ich habe es nicht anders verdient, weil ich so schwach oder so schlecht bin." Diese Identifikation mit dem Angreifer ist manchmal – z.B. für abhängige und misshandelte Kinder – die einzige Möglichkeit, noch einen Rest von Selbstwertgefühl zu retten (indem sich die Gedemütigten mit der Macht des Angreifenden identifizieren).

Die Psychoanalyse hat viele weitere Abwehrmechanismen herausgearbeitet, die im Grunde Schutzvorgänge darstellen, um mit unterdrückter Angst und Wut dennoch leben zu können. Wut kann auf andere projiziert werden („Nicht ich, du bist wütend!"). Sie kann verleugnet oder umgedeutet werden („Danke für die hilfreiche Kritik" – obwohl die Kritik unverschämt und bösartig war). Wut kann auch verschoben werden. Statt am verursachenden Chef wird sie z.B. an den wehrlosen Kindern ausgelebt. Alle diese Schutzversuche haben sekundäre Probleme zur Folge.

Schon deshalb führt kein Weg daran vorbei, Wutgefühle, wann immer möglich, zu akzeptieren und sich zu fragen, was hinter dem Wutgefühl steckt bzw.

Wo Wut zugelassen wird, lässt sich Zorn überwinden

was die Wut ausgelöst hat. Erst ein solches Annehmen der eigenen Gefühle schafft die Grundlage dafür, einen adäquaten Umgang mit dem Auslöser der Wut zu finden.

Verbindet sich Wut mit ärgerlichen oder zornigen Gedanken, die von verletztem Stolz zeugen, sind zunächst die Gedanken zu hinterfragen, bevor sich Ärger und Zorn auflösen können. Eine in ihrem Stolz getroffene Person äußert ihren Ärger öfters in sarkastischem oder zynischem Ton, weil ihr die Verärgerung selbst unangenehm ist. Oder sie sucht ihre Verletztheit zu kaschieren, indem sie andere Menschen andauernd kritisiert.

Destruktive oder rachsüchtige Ärger- und Zornphantasien können dazu dienen, dass die Betroffenen wenigstens in der Vorstellung zu ihrem vermeintlichen Recht kommen. Gerade Menschen, die sich nicht zu wehren wagen, tendieren dazu, ihrem Zorn in der Phantasie freien Lauf zu lassen. In einem solchen Fall kreisen die Gedanken oft um Vorstellungen, wie das an ihnen geschehene Unrecht gerächt werden könnte oder welche andere Art von Genugtuung sie für das erlittene Unrecht erfahren könnten.

Kann mittels Ärgerphantasien die Verärgerung nicht beseitigt werden und nehmen ärgerliche oder zornige Gedanken überhand, kann der anhaltende innere Druck zu gesundheitlichen Problemen (wie hohem Blutdruck) und psychischen Problemen (wie depressiven Verstimmungen) beitragen. Die häufigste Folge dürfte aber eine Verbitterung sein, die die Einstellung zum Leben prägt und Lebensfreude, heitere Gelassenheit und gesellige Kontakte erschwert. Verkürzt gesagt: Der untergründige Ärger vergällt das Leben.

Der Enkel von Mahatma Gandhi, Arun Gandhi, hat sich in einem Zeitungsinterview dahingehend geäußert, dass er von seinem Großvater gelernt habe, wie Ärger zu erkennen ist. „Zu erkennen, dass man ärgerlich ist und zu wissen, warum, ist der Beginn der Gewaltlosigkeit ... Mein Großvater lehrte mich, ein Ärgertagebuch zu führen und meine Gefühle niederzuschreiben, wann immer ich ärgerlich bin. Anstatt den Ärger auf eine Person oder ein Objekt zu richten, drücke ich ihn im Tagebuch aus, um eine Lösung zu finden."[9]

Auch die Wüstenmönche suchten nach den Gedanken hinter dem Ärger und strebten danach, Ärger verursachende Gedanken zu vermeiden. Dabei haben sie offenbar die Erfahrung gemacht, dass Ärger eng mit Wünschen nach körperlichem, seelischem oder geistigem Besitz zusammenhängt.

> Der Altvater Hyperechios sprach: „Wer die Zunge im Augenblick des Zornes nicht beherrscht, der wird auch die übrigen Leidenschaften nicht überwinden."

> Wiederum sprach er: „Besser ist es, Fleisch zu essen und Wein zu trinken als in verleumderischen Reden das Fleisch der Brüder zu essen."[10]

Die Wüstenväter waren jedoch nicht der Auffassung, ärgerliche Gedanken könnten ganz umgangen werden. Wie alle andern Gedankentypen lassen sich auch ärgerliche oder zornige Gedanken nicht immer vermeiden. Entscheidend ist nicht das Auftreten solcher Gedanken, sondern der Umgang mit ihnen, d.h., ob sie abgelehnt oder in die Tat umgesetzt werden. Wird den Gedanken des Ärgers nachgegeben, finden sie in der Sprache der Wüstenmönche „Eingang ins Herz". Erst diese innere Aufnahme erweckt die Gedanken zum Leben. Ansonsten bleiben sie bloße Information „ohne Fleisch und Blut". Ein Mensch hat sich solcher bedrängender Gedanken deshalb auch nicht zu schämen. Er soll nur versuchen, ihnen kein Leben zu geben, indem er sie weder innerlich annimmt noch danach handelt.

Man erzählte von einem Bruder, er sei zur Gotteslästerung versucht worden, aber er schämte sich, es zu bekennen. Und wo er von großen Altvätern hörte, da suchte er sie auf und wollte es ihnen offenbaren, aber kaum war er dann dort, schämte er sich zu gestehen. So kam er auch öfter zum Altvater Poimen. Der Greis merkte, dass er mit Gedanken zu schaffen habe, und er empfand Mitleid, weil der Bruder es nicht offenbarte. Eines Tages jedoch ließ er ihn kommen und sagte zu ihm: „Siehe, nun kommst du schon so lange mit deinen Gedanken her, um sie mir mitzuteilen, und wenn du da bist, dann willst du nicht von ihnen sprechen, sondern jedes Mal gehst du betrübt weg, weil du sie hast. Sage mir nun, mein Kind, was hast du?" Da sagte er: „Der Dämon ficht mich mit gotteslästerlichen Gedanken an, und ich schämte mich, es zu sagen." Und er erzählte ihm die Sache und fühlte sich sofort erleichtert. Der Greis sprach zu ihm: „Mache dir keine Sorge, Kind! Sondern wenn der Gedanke kommt, dann denke: ich habe nichts damit zu schaffen, deine Lästerung komme über dich, Satan! Denn diese Sache will meine Seele nicht. Und jede Sache, die die Seele nicht will, ist nur von kurzer Dauer." Da ging der Bruder geheilt von dannen.[11]

Abbas Isidor sagte: „Vierzig Jahre sind es, seit ich zwar das Sündhafte im Geiste merke, aber niemals habe ich ihm nachgegeben. Weder einer Begierde noch dem Zorn."[12]

Nicht immer lässt sich aber erreichen, dass, wie von Abbas Isidor gesagt wird, „der Zorn nicht bis zur Kehle heraufkommt".[13]

Macht sich Ärger und Zorn bemerkbar, ist es möglich, ihnen im Wissen um die dahinter stehenden Gedanken entgegenzuwirken. Für die Wüstenväter war es vor allem wichtig, vor einem sakralen Akt wie dem Gottesdienst oder dem Gebet sowie vor dem Einbruch der Nacht den Ärger überwunden zu haben. Sonst kommt der Mensch nicht zur Ruhe. Der Ärger verunmöglicht die Kontemplation. Und er taucht in Träumen auf oder lässt nur einen oberflächlichen Schlaf zu.

So empfiehlt Evagrius: „Lass die Sonne nicht über deinem Zorn untergehen, sonst kommen während deiner Nachtruhe die Dämonen und ängstigen dich und machen dich so noch feiger für den Kampf des folgenden Tages. Denn die

Wahnbilder der Nacht entstehen gewöhnlich durch den erregenden Einfluss des Zorns. Und nichts macht den Menschen so sehr bereit, sein Ringen aufzugeben, als wenn er seine Regungen nicht kontrollieren kann. "[14]

In diesem Zusammenhang wird von den Wüstenvätern auch oft das Wort Jesu aus der Bergpredigt zitiert: „Darum, wenn du deine Gabe auf dem Altar opferst und wirst allda zu eingedenk, dass dein Bruder etwas wider dich habe, so lass all da vor dem Altar deine Gabe und gehe zuvor hin und versöhne dich mit deinem Bruder, und alsdann komm und opfere deine Gabe." (Mt 5, 23 – 24)

Heute wird in der Psychotherapie vermehrt die Methode der „kognitiven Restrukturierung" angewandt. Bei diesem Vorgehen wird der Wahrheitsgehalt ärgerlicher Gedanken überprüft und der Versuch unternommen, ärgerlich überzogene Vorstellungen zu relativieren. Statt sich z. B. zu sagen: „Oh, es ist schrecklich und ungerecht, alles ist verloren, ich bin ruiniert", ist es ratsam, sich die Enttäuschung und den damit zusammenhängenden Ärger einzugestehen, aber sich auch zu sagen: „Was passiert ist, bedeutet nicht das Ende der Welt. Ich habe keinen Anlass, mit meinem Ärger das Ganze noch zu verschlimmern."

Die Gefahr ärgerlicher Gedanken liegt darin, dass sie rasch irrational werden. Deshalb kann es hilfreich sein, rationale Gegenargumente zu finden, auch mit Hilfe eines guten Freundes oder Therapeuten. Evagrius hat die so genannte antirrhetische Methode, eine Art innere Widerrede (vgl. Kap. 4, Seite 129) auch auf die ärgerlichen Gedanken angewandt. Der Zorn war ihm als Versuchung so wichtig, dass er in seinem Werk „Antirrheticus magnus" (Die große Widerrede) vierundsechzig zornige Gedanken aufführt und ihnen ebenso viele Bibelstellen entgegengestellt, die darauf Antwort geben.

> *Die letzte von Evagrius aufgeführte dialogische Gegenüberstellung von zornigen Gedanken und biblischer Antwort lautet wie folgt: „Gegen den Gedanken, der behauptet, er liebe Gott, der aber durch seinen Hass gegen den Bruder die erste Liebe leugnet (1 Joh 4,20): Wenn jemand sagt: Ich liebe Gott, seinen Bruder aber hasst, ist er ein Lügner; denn wer seinen Bruder nicht liebt, den er sieht, kann Gott nicht lieben, den er nicht sieht."* [15]

Auch Humor kann helfen, Ärger zu überwinden. Denn ärgerliche Gedanken hängen oft damit zusammen, dass man sich besonders wichtig nimmt. Wer deshalb über ein Missgeschick lachen kann, ist vor Ärger besser geschützt als derjenige, der alles, was ihm geschieht, bitter ernst nimmt. Wer darüber hinaus eine gewisse Lust zum Kämpfen hat, kann die Auseinandersetzung mit den sich aufdrängenden Gedanken auch als Herausforderung nehmen und versuchen, sich wie im sportlichen Wettkampf durch eine Niederlage nicht beirren zu lassen.

Schließlich ist es zur Vermeidung von Ärger nach der Erfahrung der Wüstenväter auch hilfreich, Wichtiges von Unwichtigem zu unterscheiden und sich über Nebensächliches nicht den Kopf zu zerbrechen. Statt in Zorn über ein geschehenes Unrecht zu verfallen, suchen die Wüstenväter für den Verursacher desselben Verständnis zu finden. Dadurch fällt es ihnen auch leichter, einem Menschen gegenüber, der gegen sie oder ihre Überzeugung gehandelt hat, Großmut walten zu lassen und ihm zu verzeihen. Indem sie die Kunst des Verzeihens hochhalten, tragen sie nicht nur zum äußeren Frieden, sondern durch Vermeidung von Ärger auch zur inneren Harmonie bei.

In der Sketis war einmal eine Versammlung wegen eines gefallenen Bruders. Die Altväter sprachen, nur Abbas Pior schwieg. Hernach stand er auf, nahm einen Sack, füllte ihn mit Sand und trug ihn auf der Schulter. In einem Körbchen trug er ganz wenig Sand vor sich her. Die Väter fragten ihn, was das bedeute, und er antwortete: „Dieser Sack mit dem vielen Sand, das sind meine Sünden, deren viele sind. Und ich habe sie hinter mich getan, damit sie mir nicht zu schaffen machen und ich darüber weine. Und siehe, die wenigen Fehler meines Bruders, die sind vor mir, und ich mache viele Worte, ihn zu verurteilen. Es ist nicht in Ordnung, so zu tun, vielmehr sollte ich meine eigenen vor mir tragen und über sie nachdenken und Gott bitten, mir zu verzeihen." [16]

KAPITEL 4

Der Umgang mit depressiven Verstimmungen

Ein altes Leiden – neu verstanden

Keine andere psychiatrische Problematik hat die zweite Hälfte des 20. Jahrhunderts derart geprägt wie die Depression. Nach epidemiologischen Untersuchungen machen 20–25 Prozent der Menschen im Verlaufe ihres Lebens eine depressive Erkrankung durch. Auf Grund einer Zunahme der Depressionen unter später geborenen Menschen im Vergleich zu Personen, die frühere Jahrgänge aufweisen, wurde auf eine Zunahme der depressiven Störungen in den letzten Dezennien geschlossen. Sicher ist, dass die Behandlungen infolge von Depressionen stark angestiegen sind. In der von mir geleiteten Klinik haben die Behandlungen wegen Depressionen in den letzten zehn Jahren um das 2 1/2-fache zugenommen.

Bei der depressiven Problematik handelt es sich aber um keine neue Erscheinung. Seit es schriftliche Überlieferungen gibt, sind auch depressive Zustände beschrieben worden. So hat der erste König der Juden, Saul, an depressiver Verzweiflung gelitten und sich schließlich in sein Schwert gestürzt. Zweifellos sind auch vielen Wüstenmönchen solche Zustände bekannt gewesen. Eine klassische Beschreibung stammt von Evagrius Ponticus:

> *„Der Dämon der Akedia, den man auch den Mittagsdämon nennt, macht wohl die größten Schwierigkeiten … Zuerst scheint es dem Mönch, dass sich die Sonne, wenn überhaupt, nur ganz langsam weiter bewege und dass die Länge des Tages mindestens fünfzig Stunden betrage. Er fühlt sich genötigt, dauernd aus dem Fenster zu schauen …, erst in diese, dann in jene Richtung zu blicken, um vielleicht den einen oder anderen seiner Mitbrüder die Zelle verlassen zu sehen. Langsam lässt er im Herzen des Mönches einen Hass auf den Ort aufsteigen, an dem er sich befindet, auf sein gegenwärtiges Leben und auch auf die Arbeit, die er verrichtet. Er macht ihn glauben, dass die Liebe unter den Brüdern erstorben sei und dass es niemanden gibt, der einem Mut zuspricht. …"* [1]

Bereits im ersten Jahrtausend v. Chr. wurde Zuständen dieser Art Krankheitscharakter zugesprochen. Die ersten griechischen Bürgerärzte aus der Schule des Hippokrates gingen davon aus, dass ihnen ein Ungleichgewicht der Körpersäfte zugrunde lag, nämlich ein Überhandnehmen der schwarzen Galle (gegenüber Blut, Schleim und gelber Galle) bzw. ein zu starkes Abkühlen dieses imaginären Körperstoffes. Sie haben das Leiden als „Schwarzgalligkeit", als Melancholie (melan gr. „schwarz", cholos „Galle"), bezeichnet. Die bildliche Vorstellung einer Schwarzgalligkeit gibt das Leiden treffend wieder. In diesem

Ein altes Leiden – neu verstanden

Zustand ist alles dunkel, „schwarz". Die Zeit ist wie angehalten, „zähflüssig wie Galle". Es ist einem Menschen in diesem dunklen, zähflüssigen Zustand nicht möglich, unbeschwert voranzuschreiten. Der zur Verfügung stehende Lebensraum ist eingeengt, „krustig wie eingetrocknete Galle".

Die Säftelehre und die damit zusammenhängende Krankheitsbezeichnung der Melancholie hat sich bis ins 18. Jahrhundert n. Chr. gehalten. Sie dürfte auch dem griechisch gebildeten Wüstenvater Evagrius Ponticus bekannt gewesen sein. Erst mit dem Aufkommen der modernen Naturwissenschaft hat die hippokratische Säftelehre an Einfluss verloren. Sie ist schließlich von der heute vorherrschenden Nervenlehre abgelöst worden. Die Vorstellung einer neuronalen Störung bzw. eines Ungleichgewichts des Stoffwechsels im zentralen Nervensystem des Gehirns bestimmt denn auch die heutige Depressionslehre. Auch der Begriff „Depression", der sich im letzten Jahrhundert durchgesetzt hat, gibt einen bestimmten Aspekt des Leidens prägnant wieder: Depression leitet sich von *de-primere* (lat. „niederdrücken, niederschlagen") ab und verweist auf die anhaltende Niedergeschlagenheit betroffener Menschen, auf ein Bedrücktsein, das sich auch körperlich in einer gebückten, „niedergeschlagenen" Haltung zeigt.

Neben biologischen Erklärungsmodellen der Melancholie bzw. der Depression hat es durch alle Zeiten hindurch auch Erklärungsversuche gegeben, die die Schwarzgalligkeit oder Niedergeschlagenheit eines Menschen in Zusammenhang mit psychosozialen Lebensumständen gebracht haben. Zu den historisch

113

Der Umgang mit depressiven Verstimmungen

wichtigsten und prägendsten Erklärungen geisteswissenschaftlicher Art gehört das *Akedia*-Konzept von Evagrius Ponticus. Es hat – neben dem Melancholieverständnis der hippokratischen Schrift – den größten Einfluss auf die abendländischen Menschen bis in die Neuzeit hinein gehabt. Wie aber die allgemeine Lehre des Evagrius (von den acht verführerischen Gedanken) später in grundlegender Weise verändert worden ist, so hat auch sein spezifisches Konzept der sechsten Verführung, der Akedia oder des Ekels bzw. Überdrusses, in den nachfolgenden Jahrhunderten eine starke Umwandlung erfahren. Die Popularisierung des *Akedia*-Konzeptes im Mittelalter hat aus Ekel, Überdruss und Trägheit eine Todsünde gemacht, welche die schlimmste Strafe verdient.

> *Dantes Beschreibung der Hölle in der „Göttlichen Komödie" gibt die mittelalterliche Auffassung der Accidiosi (der von Akedia befallenen Menschen) treffend wieder: Die Accidiosi stecken in einem ungeheuren Tümpel, aus dem es kein Entrinnen gibt. Als seelisch Verstummte sind sie nur in der Lage zu wimmern. Einzig der Dichter kann ihr ungeformtes Gegurgel in Menschensprache übersetzen:*
>
> *Gedrängt im Schlamme sagen sie: „Wir waren Elend im süßen, sonnenfrohen Äther,*
> *Da wir im Innern Unlustnebel trugen.*
> *Jetzt müssen wir im schwarzen Kote büßen."*
> *(Dante, Inferno 7)*

> *Auch der Maler Hieronymus Bosch hat in sei-*
> *nem Weltgerichtstryptichon die Bestrafung der*
> *Menschen, die von Akedia befallen sind, dras-*
> *tisch dargestellt. Die niedergeschlagenen Men-*
> *schen, die im Leben träge waren, werden im Fe-*
> *gefeuer mit glühenden Hufeisen zum Laufen*
> *gebracht.*

Es ist keine Frage, dass eine solche angstmachende Darstellung der Akedia die Einstellung der Menschen zu Überdruss, Langeweile (ennui) und Selbstekel (nausée) in den nachfolgenden Jahrhunderten zutiefst beeindruckt hat. Sie dürfte auch heute noch nachwirken. Der moderne Kampf der Medizin gegen die Depression ist zwar anders begründet, profitiert aber, wenn er sich zur Kriegserklärung steigert, von der historisch vermittelten Dämonisierung der Trägheit.

Die verschiedenen Gesichter der Akedia und der Depression

Was aber haben nun die Wüstenväter ursprünglich unter *Akedia* verstanden? Das griechische Wort *Akedia* lässt sich nur schwer ins Deutsche übersetzen. Bedeutungen wie „Ekel", „Langeweile", „Trägheit", „Mattigkeit", „Widerwillen", „Verdruss" und „Überdruss" klingen in diesem Begriff an. Damit ist aber auch schon gesagt, dass das Erleben der *Akedia* viele Facetten hat. Interessanterweise haben spätere Zeiten und Kulturen immer wieder einen einzelnen Aspekt der *Akedia* ausgewählt, um das für sie Typische zu charakterisieren: Die Reformationszeit hat den Begriff der Trägheit betont, die Romantik den Begriff der Langeweile *(ennui)*, der Existentialismus den Begriff des Überdrusses und Ekels (vgl. „la nausée" von J. P. Sartre). Damit wurden je nach Zeitgeist verschiedene Facetten dieser grundlegenden Problematik herausgegriffen.

Auch unsere Zeit kennt eine besondere Ausprägungsweise der *Akedia*. Ich nenne sie: Müdigkeit und Erschöpfung oder „chronic fatigue" und Burnout. Mit diesen Begriffen wird heutzutage betont, dass der Leistungsdruck einer individualisierten und säkularisierten Gesellschaft zu chronischer Müdigkeit und zum Eindruck des Ausgebranntseins führt. Das einzelne Individuum, auf sich selbst gestellt und zur Eigenverantwortung herangezogen, empfindet die aufkommende Erschöpfung als besonders gefährlich. Sie bedroht seine Autonomie und seine Position im Lebenskampf. Schon deshalb wird Erschöpfung unter vielfältigen Bezeichnungen (Stresserkrankung, Depression, Chronic-fatigue-Syndrom und Burnout-Syndrom) zur Störung par excellence unserer Zeit.

Für Evagrius Ponticus, den philosophischen Systematiker unter den Wüstenmönchen, war die *Akedia* aus anderen Gründen eine zentrale Herausforderung. Die Erfahrung der Mattigkeit bzw. der Unfähigkeit, den Augenblick wahrzunehmen, hinderte ihn und andere Mönche daran, sich auf das Gebet oder die Kontemplation zu konzentrieren. Deshalb wurde die *Akedia* für Evagrius Ponticus als spirituelle Trägheit auch zur besonderen Belastung. Die Mattigkeit der *Akedia* trat im Leben der Wüstenmönche vor allem

Die verschiedenen Gesichter der Akedia und der Depression

mittags auf, wenn die Sonne am höchsten stand. *Akedia* wurde deshalb auch mit dem Mittagsdämon (aus den Psalmen Davids) in Zusammenhang gebracht.

> *Anselm Grün hat den Mittagsdämon u. a. symbolisch als „Dämon der Lebensmitte" gedeutet: „In der Lebensmitte verliert man die Lust am Gewohnten. Man fragt sich, was das alles soll. Was man bisher geschaffen hat, wird einem langweilig und leer. Man findet aber auch nicht, wofür man sich engagieren sollte. So hängt man herum, wird zynisch, kann alles kritisieren. Aber man hat zu nichts wirklich Lust."* [2]

Evagrius definiert die Akedia an verschiedenen Stellen seiner Schriften als „Erschlaffung der Seele". So schreibt er: „Bei einem überdrüssigen Mönch ... sind die Spannkräfte der Seele erschlafft." Oder auch: „Der Überdruss ist eine Erschlaffung der Seele, d. h. eine Erschlaffung der Seele, die nicht im Besitz dessen ist, was naturgemäß ist, und die nicht mutig den Versuchungen widersteht." [3]

Damit fasste er das Grundelement der *Akedia* ganz ähnlich, wie heutzutage in der Psychiatrie das Grundphänomen der Depression gesehen wird: als allgemeinen Spannungsverlust oder als Atonie. Charakteristisch für die *Akedia* wie für die moderne Depression ist der Verlust an Erlebensreichtum und Vitalität. Depressive Menschen fühlen sich niedergeschlagen und bedrückt. Ihre Stimmung ist herabgestimmt. „Alles erscheint grau in grau. Das Leben ist nicht mehr, wie es einmal war ... das Dunkel oder die Leere ist die einzige Wahrheit, die man noch hat.

Wahrheiten, die man sonst im Leben hatte, bleiben verhüllt." So schreibt der Medienschaffende Ruedi Josuran aus eigener Betroffenheit.[4]

> *In einem afrikanischen Stamm wird die depressive Gestimmtheit mit dem treffenden Ausdruck umschrieben: „Mein Herz ist in einer hölzernen Schachtel." Darin drückt sich ein Verlust des gemüthaften Empfindens aus, den die Betroffenen meist schmerzhaft wahrnehmen.*

Während die moderne psychiatrische Diagnostik einzelne Symptome zu erfassen versucht, greifen depressive Menschen oft zu Bildern, um ihr verändertes Erleben im Gegensatz zum sonstigen Leben darzustellen. Depression wird beschrieben als eine Art „dunkler Nacht" (trotz hellem Tageslicht), als „eingefroren sein" (umgeben von Wärme) oder als Ausdruck „seelischer Lähmung" (ohne körperliche Lähmungserscheinungen). Diese Bilder zeugen davon, dass in einer schweren Depression nichts mehr ist, wie es vorher war. Doch kann das Neue nicht positiv gefasst werden. Deshalb hat der Wiener Psychiater Hans Lenz von der „Krankheit der Losigkeiten" gesprochen. Depressive Menschen erfahren sich als interesse- und konzentrationslos, als schlaf- und appetitlos, als kraft- und gefühllos.

Ich selbst habe im Buch „Welchen Sinn macht Depression?" von einer „depressiven Blockade" gesprochen und das Angehaltenwerden in der Depression mit einem reibungsverursachenden Bremsmanöver verglichen: „Die Bremse ist angezogen." Doch ist es eine Bremsung gegen den Willen der betroffenen

Die verschiedenen Gesichter der Akedia und der Depression

Menschen. Sie holt einen Menschen mitten aus seiner Schaffenskraft. Die Gedanken fließen nicht mehr
wie gewohnt. Auch die Erinnerungsfähigkeit stockt.
Der Zugang zu den Gefühlen ist verschlossen. Der
ganze Körper, insbesondere der Bewegungsapparat,
verliert an Kraft. Gleichzeitig empfindet der depressive Mensch eine plagende innere Unruhe. Die „Aus-
bremsung" jeglicher Aktivität geht mit großer Unzufriedenheit und Bedrücktheit einher.

Evagrius Ponticus hätte dieser Beschreibung wohl
zugestimmt. Trotzdem hat sich ihm das Problem der
Akedia ganz anders gestellt, als sich dem modernen
Menschen das Problem der Depression zeigt. Während moderne Menschen hauptsächlich am depressiven Stillstand leiden, an der vorübergehenden Unfähigkeit, aus sich heraus zu treten und flexibel und
mobil zu handeln, wurde den Wüstenmönchen die innere Unruhe, der Selbstekel zum Hauptproblem. Der
Überdruss raubte ihnen die Besinnung, die sie für ihre
Kontemplation dringend brauchten. Im Zustand der
Akedia kreisten ihre Gedanken um das, was sie verloren oder noch nicht erreicht hatten. Den Wüstenvätern wurden vor allem ihre unruhig kreisenden Gedanken zum Anstoß. Sie führten zu einem Ekelgefühl
gegenüber dem bescheidenen Leben, das sie als Mönche führten. Es reizte sie, die Einsamkeit aufzugeben
und zu benachbarten Eremiten oder in die Dörfer zu
ziehen.

Wie verstanden die Wüstenmönche
„depressives" Leiden?

Die spirituelle Herausforderung der *Akedia* brachte die Wüstenväter dazu, im Zustand der „Erschlaffung der Seele" hauptsächlich eine Versuchung zu sehen. Evagrius Ponticus verstand die *Akedia* als komplexen Gefühlszustand, hervorgerufen durch wütende, traurige und ekelerregende Gedanken. Auch frustrierte körperliche Bedürfnisse spielten für ihn bei der Entstehung der *Akedia* eine Rolle. Evagrius entwickelte ein ausgefeiltes Konzept, um diese Problematik zu verstehen. Darin spricht er zwar zeitgemäß – als Mann des vierten nachchristlichen Jahrhunderts – von Dämonen, um die verführerische Kraft der Gedanken zu bezeichnen. Inhaltlich geht sein Konzept jedoch von einem innerseelischen Konflikt zwischen verschiedenen Bestrebungen und Gedanken aus. Es ist nicht übertrieben, dieses Konzept als Vorgänger eines psychoanalytischen Verständnisses zu bezeichnen. Zweifellos hat es viele Gedankengänge Sigmund Freuds um eineinhalb Jahrtausende vorweggenommen.

Vereinfacht ausgedrückt, macht Evagrius Ponticus folgende Überlegungen: Wenn körperliche oder materielle Begehren frustriert werden, entstehen traurige Gedanken. Diese Gedanken möchten das Verlorene oder Nichtexistente wenigstens in der Vorstellung retten. Weil aber die Realität anders ist, macht sich gleichzeitig Wut bemerkbar. Zur Frustriertheit gesellt sich Aggressivität, zum traurigen der wütende Gedanke. Beide zielen jedoch in unterschiedliche Richtungen: Der traurige Gedanke möchte bewahren, der wütende zerstören. Daraus nährt sich der Überdruss, welcher beide Gedanken und das Begehren enthält.

Evagrius vergleicht den Überdrüssigen einmal mit einem Lasttier, das von vorne vom Begehren gepackt und gezogen und von hinten vom Zorn traktiert und geschlagen wird. Der Überdrüssige ist doppelt bestraft. Er kann das Verlorene nicht lassen und die Wut nicht auf den richten, der den Verlust herbeigeführt hat.

> Wörtlich heißt es bei Evagrius: „Der Überdruss ist eine gleichzeitige lang andauernde Regung von Zorn, Wut und Begehren, wobei der Erstere über das Vorhandene wütend ist, das Letztere aber sich nach dem nicht Vorhandenen sehnt."[5]

> An anderer Stelle schreibt er: „Durch die Gedanken machen uns die Dämonen den Krieg, indem sie bisweilen die Begierden erregen, bisweilen den Zorn(mut), dann wieder Zornmut und Begehren gleichzeitig, wodurch der so genannte komplexe Gedanke entsteht. Indessen kommt dieser nur zur Zeit des Überdrusses vor, die anderen hingegen nahen sich in Abständen, indem sie sich gegenseitig ablösen. Dem Gedanken des Überdrusses aber folgt an diesem Tag kein anderer Gedanke, erstens weil er andauert, sodann auch, weil er fast alle Gedanken in sich enthält."[6]

In anderer Sprache hat Sigmund Freud geschrieben: „Der Schatten des Objekts fällt auf das Ich." Er hat damit gemeint, dass die Wut, die bei einem Verlust auftritt, von depressiven Menschen nicht zugelassen werden kann und sich dann statt nach außen (auf das „Objekt") nach innen (auf das „Ich") richtet.

> Freud ist also der Auffassung, dass die ärgerliche Anklage, die zuerst an die Adresse eines Mitmenschen gerichtet war, vom Depressiven auf sich selbst verschoben wird. Er illustriert diesen Zusammenhang wie folgt: „Hört man die mannigfachen Selbstanklagungen des Melancholikers geduldig an, so kann man sich endlich des Eindrucks nicht erwehren, dass die stärksten unter ihnen zur eigenen Person oft sehr wenig passen, aber mit geringfügigen Modifikationen einer anderen Person anzupassen sind, die der Kranke liebt, geliebt hat oder lieben sollte. Sofern man den Sachverhalt untersucht, bestätigt er diese Vermutung. So hat man denn den Schlüssel des Krankheitsbildes in der Hand, indem man die Selbstvorwürfe als Vorwürfe gegen ein Liebesobjekt erkennt, die von diesem weg auf das eigene Ich gewälzt sind. Die Frau, die laut ihren Mann bedauert, dass er an eine so untüchtige Frau gebunden ist, will eigentlich die Untüchtigkeit des Mannes anklagen."[7]

Außer mit Wut und (nicht zugelassener) Traurigkeit – wie es der Freud'schen Auffassung entspricht – haben die Wüstenväter, allen voran Evagrius Ponticus, die „Erschlaffung der Seele" auch mit dem Ekel in Zusammenhang gebracht. Sie haben diesem Gefühlsbereich in komplexem Zusammenspiel mit Wut und Traurigkeit eine eigenständige Rolle zugedacht. Ekel

Wie verstanden die Wüstenmönche „depressives" Leiden?

stellt ein wichtiges, aber lange unterschätztes Gefühl dar. Dieser Gefühlsbereich gewinnt erst in der modernen Emotionspsychologie wieder zunehmend an Aufmerksamkeit. Zwar ist es klinisch tätigen Psychiatern immer aufgefallen, dass sehr ordnungsliebende und zur Perfektion neigende Menschen, denen Schmutz und Unordnung zuwider sind, häufig an besonders schweren Formen der Depression leiden. Die Neigung zu Akribie und Sauberkeit wurde aber zunächst nicht mit Ekelgefühlen in Zusammenhang gebracht. Erst heute wird zunehmend erkannt, dass sowohl ein Teil der Zwangskranken wie ein Teil der depressiv erkrankten Menschen unter Ekel erregenden Gedanken leiden. Nicht wenige depressive Menschen berichten, dass sie sich vor sich selbst ekeln. Sie können sich selbst „nicht riechen" – und das nicht nur im übertragenen Sinne. Schwer depressive Menschen, die sich selbst nicht ausstehen können, äußern sogar häufig, dass ein schlechter Geruch von ihnen ausgeht. Denn das Gefühl des Ekels kann auch den eigenen Körper betreffen. Das bedeutet aber nicht weniger, als dass der eigene Leib zu etwas Fremdem wird, mit dem man sich nicht identifizieren kann. Das Gefühl des Selbstekels schafft eine Distanz zum eigenen Ich. In der Umgangssprache wird Überdruss auch mit den Worten: „Mir stinkts" oder noch drastischer „es kotzt mich an" ausgedrückt. Daraus kann abgeleitet werden, wie schlecht sich ein Mensch empfinden muss, wenn er vom Selbstekel ergriffen wird.

Dass gerade die Wüstenmönche die Bedeutung des Selbstekels, der *Akedia*, früh erkannt haben, könnte damit zusammenhängen, dass sie ihre Aufmerksamkeit gegen jegliche Form von Entfremdung richteten und dabei auf ein menschliches Grundproblem stießen, das wir erst noch zu erarbeiten haben.

Schritte zur Bewältigung depressiven Leidens

Wie sind nun die Wüstenmönche mit der Akedia umgegangen und was lässt sich heute aus einem solchen Umgang schließen? Zunächst ist vorauszuschicken, dass den Wüstenmönchen des 4.–6. Jh natürlich eine adäquate medizinische Hilfe, wie wir sie heute kennen, nicht zur Verfügung stand. Zwar dürften einzelnen Wüstenvätern die damaligen (volks-) medizinischen Empfehlungen zur Behandlung der Melancholie bekannt gewesen sein. Da sie aber ein karges Leben in der Wüste führten und die *Akedia* als spirituelle Herausforderung einschätzten, bemühten sie sich in erster Linie darum, die richtige Haltung gegenüber dieser Problematik zu finden.

Ihre Grundhaltung lässt sich folgendermaßen charakterisieren: Die Versuchung zum Überdruss wird als menschlich angesehen, als etwas, das zur *conditio humana* gehört. Niemand sollte sich deswegen selbst anklagen. Und niemand sollte einen Menschen verurteilen, der an Überdruss leidet. Verständnis und Mitgefühl sind umso mehr angesagt, als es sich bei der sechsten Verführung, der zur *Akedia*, um die größte Herausforderung handelt, die ein Mensch zu bestehen hat.

Erster Rat: Annehmen und Ausharren

Auf Grund eigener Erfahrung rät Evagrius Ponticus denjenigen, die ihn um Rat bitten, der *Akedia* standzuhalten. Kurz und bündig hält er einmal fest: „Geduld – Zerschlagung des Überdrusses".[8] Der erste, aber auch schwierigste Schritt, um mit dem Überdruss fertig zu werden, ist das schiere Durchhalten. Durchhalten aber setzt Akzeptanz und Mut voraus. Akzeptanz des Leidens und Mut zum Bestehen der Herausforderung.

> *„... nimm einfach an, was die Versuchung über dich bringt. Vor allem sieh dieser Versuchung der Akedia ins Auge, denn sie ist die schlimmste von allen, sie hat aber auch die größte Reinigung der Seele zur Folge. Vor solchen Konflikten zu fliehen oder sie zu scheuen, macht den Geist ungeschickt, feige und furchtsam."*[9]

Ausharren ist den Wüstenvätern keine passive Tugend. Vielmehr sehen sie darin die aktive Meisterung einer inneren Unruhe bzw. die geduldige Abwehr sich aufdrängender Begehren und Wünsche. Ganz ähnlich der heute auch im Abendland verbreiteten Lehre Buddhas halten die Wüstenväter das Begehren für die Ursache jeglichen Leidens. Deshalb beinhaltet Standhalten für sie nicht nur eine Abwehr des unersättlichen Begehrens, sondern stellt auch ein tatkräftiges Mittel zur Überwindung des Überdrusses dar. Nachgeben wäre Feigheit, während „nicht erschrecken vor den Feinden und die Schrecknisse aushalten, Geduld und Mut eigen ist".[10]

125

Der Umgang mit depressiven Verstimmungen

Die Empfehlung zum Ausharren fällt Evagrius Ponticus leichter, weil er der optimistischen Überzeugung ist, dass das Standhalten von einem besonderen Frieden gefolgt ist. Im Gegensatz zu den oralen, analen und sexuellen Wünschen sowie den traurigen und wütenden Gedanken, die sich gegenseitig ablösen können, ist die *Akedia* nach der Überzeugung des Evagrius unmittelbar von keinem andern Begehren gefolgt. Wer deshalb der Akedia standhält, erfährt eine innere Freude und eine innere Harmonie.[11] Evagrius geht sogar soweit, das Überstehen der Akedia als Schritt zur Herzensruhe zu bezeichnen. Man ist dabei an spätere Mystiker erinnert, die die dunkle Nacht als krisenhaftes Durchgangsstadium zur unio mystica (zur mystischen Einheit) beschrieben haben. Evagrius betrachtet den Zustand der Akedia als Grenzerfahrung und Krise. Er ist auch deshalb optimistisch, weil er in der Versuchung zur Akedia letztlich etwas Imaginäres sieht, ein vorgespieltes Sein, das über die Menschen nur Macht hat, wenn sie den gedanklichen Einflüsterungen folgen und sie in die Tat umsetzen. Sobald sie die verführerischen Gedanken durchschauen, verliert die Akedia ihre Macht.

Deshalb erscheint es den Wüstenvätern so wichtig, vor den gedanklichen Verführungen nicht die Augen zu verschließen, sondern ihnen gleichsam ins Gesicht zu sehen. In einer Ansprache an Mönche hat Antonius von seiner eigenen Erfahrung mit „dämonischen Gedanken" berichtet und folgenden Rat gegeben:

Erster Rat: Annehmen und Ausharren

> *„Wenn eine Erscheinung geschieht, so falle nicht nieder in Feigheit, sondern frage zuerst mutig, von welcher Art sie auch sei: Wer bist du und woher kommst du? ... denn es ist ein Zeichen von Seelenruhe, wenn man einfach fragt: Wer bist du und woher kommst du?"* [12]

Auch Evagrius hat die Mönche aufgefordert, die Gedanken vor dem Tribunal des eigenen Herzens zu beurteilen und sie auf die Probe zu stellen.

Ganz ähnlich ist das C. G. Jung zugesprochene Wort zu verstehen: „Wenn die Dame in Schwarz (gemeint ist die Depression) auftritt, weise sie nicht ab, sondern bitte sie zu Tisch und höre, was sie zu sagen hat." Vor jeder Reaktion muss nämlich klar sein, was die Frage und was die Herausforderung ist.

Im Rat auszuharren klingt auch an, nicht vor sich selber davonzulaufen. Irgendwann muss jeder dem eigenen Tiefpunkt begegnen. Ihn auszuhalten konfrontiert einen Menschen mit seinen geheimsten Gedanken. Weggehen, sich in Aktivitäten stürzen oder sich berauschen kommt einer Flucht gleich.

Für die Wüstenväter war der Ort der Selbstkonfrontation das *Kellion*, die Zelle, in der sie hausten. So wird bei den Wüstenvätern das Ausharren immer wieder gleichgesetzt mit einem Verbleiben im *Kellion*.

> *Evagrius schreibt: „In der Stunde der Versuchung solltest du nicht nach mehr oder minder glaubhaften Vorwänden suchen, deine Zelle zu verlassen, sondern entschlossen dort bleiben, und geduldig sein."* [13]

Abbas Moses fasst kurz und bündig zusammen:
„Fort, geh in dein Kellion und setze dich nieder,
und dein Kellion wird dich alles lehren.[14]

Jemand sagte zum Altvater Arsenios: „Meine
Gedanken quälen mich, indem sie mir sagen: Du
kannst nicht fasten und auch nicht arbeiten, so
besuche wenigstens die Kranken; denn auch das
ist Liebe." Der Greis aber, der den Samen der
Dämonen kannte, sagte zu ihm:" Geh und iss,
trinke, schlafe und arbeite nicht, nur verlass
dein Kellion nicht!" Er wusste nämlich, dass das
Ausharren im Kellion den Mönch in seine rechte
Ordnung bringt."[15]

In dieser kleinen Geschichte, die von Abbas Arsenios
berichtet wird, mutet der Gedanke, dem anderen einen Dienst zu erweisen, um seine eigenen Sorgen zu
vergessen, durchaus modern an. Die Verführung zu
einem Aktivismus, der scheinbar altruistisch motiviert ist, aber letztlich dem eigenen Ego dient und den
Überdruss nicht zu beseitigen vermag, ist für unsere
schnelllebige Zeit recht typisch. Den Wüstenvätern
geht es offensichtlich darum, dass auch Menschen,
die anderen helfen wollen, sich mit dem eigenen
Schatten konfrontieren und besser auf einen übertrie-
benen Asketismus verzichten, als in blindem Aktivismus sich selbst zu vergessen.

Zweiter Rat: anders denken

Wer ausharrt, hat sich mit den aufkommenden Gedanken des Überdrusses auseinander zu setzen. Als zweites empfiehlt deshalb Evagrius Ponticus, den überdrüssigen Gedanken *ein anderes Denken entgegenzusetzen.* Da im Verdruss die Gedanken notwendigerweise negativ getönt sind und die eigenen Möglichkeiten abgewertet werden, ist es manchmal eine Hilfe, den eigenen dunklen Gedanken Überlegungen entgegenzusetzen, die von Menschen stammen, die die Not überstanden haben. Dazu hat Evagrius die so genannte antirrhetische Methode entwickelt. Er hat in einem umfangreichen Werk unter dem Titel „Die große Widerrede" (*Antirrheticus Magnus*) Texte der Bibel zusammengestellt, die jedem einzelnen verführerischen Gedanken widersprechen. Er konnte sich dabei auf eine reiche religiöse Tradition stützen, kann man doch die biblischen Schriften zu großen Teilen – vom Buch Hiob über die Psalmen bis hin zu den Passionsgeschichten – auch als Anleitung lesen, wie mit Not und Leid umzugehen ist. Evagrius hat nun aus der Bibel Sätze zusammengetragen, die ihm als je typische Widerrede gegen die einzelnen Versuchungen geeignet erschienen. Gegen die sechste Verführung, den Überdruss, hat er siebenundfünfzig Bibelworte zusammengetragen.

So findet sich etwa folgender Dialog zwischen verführerischen Gedanken und biblischer Antwort: „Gegen den Gedanken, der uns z. Zt. des Überdrusses reizt, zu unseren Brüdern zu gehen,

Der Umgang mit depressiven Verstimmungen

um angeblich von diesen getröstet zu werden. (Psalm 77, 3 f.:) Es ist keiner, der meine Seele tröstet. Denke ich an Gott, dann muss ich stöhnen. "[16]

In diesem Beispiel wird der negative Gedanke des Überdrusses nicht in einen positiven Gedanken verwandelt. Stattdessen wird dem inneren Geplagtsein ein Wort entgegengesetzt, welches das Stöhnen erlaubt.

Nach meiner Erfahrung findet die antirrhetische Methode ihre Grenze bei schwer gehemmten depressiven Menschen. Die Theologin Ingrid Weber-Gast, die selbst eine schwere Depression durchgemacht hat, drückt das so aus: „In den allerschwersten Stunden hat der Glaube für mich überhaupt keine Rolle mehr gespielt. Mein Verstand und mein Wille mochten ihn wohl weiterhin bejahen, aber für mein Herz war er unerreichbar. Er war kein Trost, keine Antwort auf verzweifelnd quälende Fragen, keine Hilfe, wenn ich nicht weiter wusste. Ja, im Gegenteil: Nicht der Glaube trug mich, sondern ich musste noch den Glauben tragen."[17]

Besonders belastend ist für viele depressiv erkrankte Christen die Überzeugung, ein gläubiger Christ müsse fröhlich sein und dürfe deshalb nicht an depressivem Überdruss erkranken. Diese Überzeugung findet Nahrung in der mittelalterlichen Lehre von der Todsünde der *Akedia*. Gerade die Wüstenmönche illustrieren aber in aller Deutlichkeit, dass auch größtes Engagement für den Glauben das Auf-

Zweiter Rat: anders denken

treten depressiver Verstimmungen keineswegs ausschließt.

In den letzten Jahrzehnten hat die antirrhetische Methode in der so genannten „kognitiven Psychotherapie" ein säkularisiertes Pendant gefunden. Nach dieser von Aaron Beck entwickelten Methode geht es darum, automatisch auftretende Gedanken bezüglich der eigenen Person („ich bin unfähig, wertlos"), der Umwelt („Die andern verachten mich") und der Zukunft („Es wird sich nie etwas ändern") psychotherapeutisch in einem sokratisch geführten Gespräch so zu hinterfragen, dass die depressive Person selbst alternative Antworten auf die negativen Gedanken findet. Diese Methode, die als Kurztherapieverfahren wenige Dutzend Behandlungsstunden in Anspruch nimmt, hat sich in kontrollierten Studien als ähnlich wirksam erwiesen wie eine medikamentöse Therapie.

Das Hinterfragen automatischer Gedanken kann beispielsweise so erfolgen, dass die Hilfe suchende Person ermutigt wird, auf die Gedanken zu achten, die ihr durch den Kopf gehen, wenn sie in Not kommt und leidet. So kam einem 55-jährigen Bankdirektor mit lang anhaltender Depression immer wieder der folgende Gedankengang in den Sinn: „Du kannst nicht weniger arbeiten, du würdest als Versager dastehen. Du musst die Leistung bringen, die von dir erwartet wird. Würdest du dich frühpensionieren lassen, wärst du ein Schwächling, und überhaupt: Was würdest du ohne Arbeit tun, trotz finanzieller Sicherheit wäre dein Leben inhaltlos, ein Scherbenhaufen."

Der Umgang mit depressiven Verstimmungen

> *Es versteht sich von selbst, dass diese beunruhigenden Gedanken den Mann nicht schlafen ließen und ihn tagsüber in Panik und Verzweiflung brachten. Als es ihm jedoch in der Therapie gelang, sich diesen Gedanken zu stellen und sie zu hinterfragen, fanden sich auch Antworten, die ihn seine Situation neu sehen ließen. Günstige familiäre und soziale Umstände erleichterten ihm schließlich, sein Leben neu auszurichten und sich mit dem Gedanken einer Frühpensionierung anzufreunden. Je besser es ihm gelang, sich von den früheren Wertvorstellungen zu lösen, desto mehr verschwanden auch sein Grübelzwang und seine depressive Blockade.*

Die kognitive Psychotherapie zielt nicht darauf ab, den depressiven Menschen zu überreden. Auch handelt es sich dabei nicht um eine Suggestionsmethode. Sie setzt sich vielmehr zum Ziel, den depressiven Menschen zu neuen, selbst gefundenen Antworten anzuregen.

> *Ähnlich hat schon Evagrius Ponticus die Auffassung vertreten, dass ein von Überdruss befallener Mensch einen inneren Dialog führen sollte: „Wenn die Akedia uns versucht, dann ist es gut, unter Tränen unsere Seele gleichsam in zwei Teile zu teilen: in einen Teil, der Mut spricht und in einen Teil, dem Mut gemacht wird."* [18]

> *Bemerkenswert ist der Hinweis von Evagrius, dass dieser Vorgang „unter Tränen" erfolgt und also eine emotionale Seite hat. Damit verweist er bereits auf eine weitere Hilfestellung.*

Dritter Rat: Traurig sein und weinen

Als drittes Heilmittel gegen die *Akedia* empfiehlt
Evagrius, herzhaft zu weinen. Das mag zunächst
überraschend sein. *Tränen* als Heilmittel? Geht der
Überdruss nicht gerade mit Traurigkeit einher? Nein,
antwortet Evagrius zu Recht. Der depressive Überdruss schließt die Traurigkeit weg. Er deckt sie zu
und lässt sie schwerlich aufkommen. Wenn die Be-
drückung um sich greift, trocknen die Gefühle ein.
Gefühle wie Traurigkeit und erst recht Freude kommen erst wieder zum Leben, wenn die Niedergeschlagenheit ein Ende hat. Deshalb sind Tränen nicht mit
dem depressiven Zustand der Leere, der *Akedia* zu
verwechseln. Sie sind vielmehr – wo immer sie noch
(oder wieder) möglich sind – ein Mittel gegen die *Akedia.*

Das Weinen wird von den Wüstenmönchen mit einem befruchtenden Regen verglichen. Tränen wei-
chen die Verkrustung auf, die einen Menschen im
Überdruss eingeengt hat.

*Im Buch Antirrheticus zitiert Evagrius viele Bi-
belstellen, die einem einzigen „Lob der Tränen"
gleichkommen. Im Antirrheticus VI, 10, schreibt
er: „Wider die verhärtete Seele, die des Nachts
keine Tränen wegen der Gedanken des Überdrusses vergießen will. Das Vergießen von Tränen ist nämlich ein großes Heilmittel für die
nächtlichen Gesichte (Albträume), die aus dem
Überdruss entstehen. Dieses Heilmittel hat aber
auch der Prophet David weise gegen seine Lei-*

den angewendet mit den Worten (Psalm 6, Vers 7): Ich erschöpfte mich in meinem Seufzen, schwemmte jede Nacht mein Bett, netzte mit meinen Tränen mein Lager."

Und im Antirrheticus VI, 19 schreibt Evagrius: „Wider die Seele, die meint, dass die Tränen nichts zur Zeit des Kampfes mit dem Überdruss bedeuten und die sich nicht an David erinnert, der eben dies tat, indem er sprach: (Psalm 41, Vers 4) Meine Tränen wurden mir zum Brot bei Tag und bei Nacht."

Es gilt aber auch bezüglich der Tränen, was weiter oben schon bezüglich der gedanklichen Widerrede gesagt worden ist: Sie können nicht erzwungen werden. Wenn ein schwer depressiver Mensch völlig blockiert ist, ist ihm das Weinen unmöglich, so sehr er es auch herbeisehnt. So stellt auch Evagrius fest: „Der Geist des Überdrusses verjagt die Tränen." [19]

Wo Weinen aber möglich ist, bildet es eine Gemütsinsel inmitten des depressiven Vakuums. In meinem Buch „Seelenhunger" (im Druck) beschreibe ich einen möglichen therapeutischen Zugang, der von der Beachtung solcher Gemütsinseln ausgeht und sie zu stärken sucht. Tränen werden von allen Menschen als etwas besonders Reines empfunden. Sie sind in der Regel von Ekelgefühlen ausgespart, während die übrigen Absonderungen des Körpers (wie Schweiß, Speichel oder Urin) meist als Ekel erregend wahrgenommen werden. Tränen sind geruchlos. Sie geben einem Menschen, der von Ekel geplagt ist, den Eindruck des Sauberen. Sie stellen im Zustand der Verekelung einen Hort der Reinheit dar.

Vierter Rat: Einen geregelten Lebensrhythmus finden

Viertens rät Evagrius zu einem möglichst *geregelten Leben*, um der *Akedia* zuvorzukommen oder sie möglichst einzugrenzen.

> *„Akedia wird geheilt durch Selbstüberwindung und dadurch, dass man alles mit großer Sorgfalt und Gottesfurcht tut. Zu jedem Werke setze dir Zeit und Maß fest und höre nicht eher auf, als bis du es vollendet hast, und bete häufig und innig, und der Geist der Akedia wird von dir weichen.“* [20]

> *Poimen stellt kurz und entschieden fest: „Wenn der Mensch Ordnung einhält, dann wird er nicht verwirrt.“* [21]

Auch die Empfehlung zu einer möglichst regelmäßigen Lebensführung wird durch viele moderne Untersuchungen gestützt. Menschen, die zu Depressionen neigen, laufen Gefahr, den regelmäßigen Schlaf-Wach-Rhythmus, das regelmäßige Ansteigen und Absinken der Körpertemperatur und viele andere Rhythmen durcheinander zu bringen. Im depressiven Zustand ist der körpereigene Rhythmus nicht mehr mit den umgebenden Rhythmen von Tag und Nacht im Einklang. Mit dem Gleichmut verliert der depressive

Der Umgang mit depressiven Verstimmungen

Mensch auch das physiologische Eingebundensein in die Rhythmen der Natur.

Darüber hinaus gefährdet der depressive Zustand die innere Ordnung der Gedanken und damit auch die so genannte Selbstrepräsentation bzw. die Vorstellung von sich selbst. Mit dem Verlust des Tagesrhythmus wird das Vermögen zur Bildung seelischer Strukturen geschwächt. Maßlosigkeit kann sich einstellen. Vor allem manisch-depressiv erkrankte Menschen verlieren mit einer festen Regelung der Tagesaktivitäten auch an innerer Kohärenz, so dass es ihnen schwer fällt, eine innere geistige Ordnung aufrecht zu halten.

Helen Frank von der Universität Pittsburgh hat neuerdings eine psychosoziale Therapieform entwickelt, die darauf abzielt, manisch-depressiven Kranken zu einem regelmäßigeren Tagesablauf zu verhelfen. In ihrem Behandlungsprogramm wird darauf geachtet, dass z.B. das Aufstehen und Zubettgehen, die Einnahme von Mahlzeiten und die Beschäftigung während des Tages einem einigermaßen geregelten Rhythmus folgen. Eine solche Therapieform basiert auf der (auch den Wüstenvätern eigenen) Überzeugung, dass ein inneres Aufgewühltsein durch eine äußere Ordnung geglättet werden kann.

Interessanterweise betont bereits der erste Spruch der *Apophthegmen* die Bedeutung eines regelmäßigen Lebensrhythmus. Das mag darin begründet sein, dass die Wüstenväter in ihrer sozialen Isolation in besonderer Weise gefährdet waren, eine Störung des inneren Rhythmus zu erleiden.

136

Vierter Rat: Einen geregelten Lebensrhythmus finden

Als der Altvater Antonius einmal in verdrießlicher Stimmung und mit düsteren Gedanken in der Wüste saß, sprach er zu Gott: „Herr, ich will gerettet werden, aber meine Gedanken lassen es nicht zu. Was soll ich in dieser meiner Bedrängnis tun? Wie kann ich das Heil erlangen?" Bald darauf erhob er sich, ging ins Freie und sah einen, der ihm glich. Er saß da und arbeitete, stand dann von der Arbeit auf und betete, setzte sich wieder und flocht an einem Seil, erhob sich dann abermals zum Beten; und siehe, es war ein Engel des Herrn, der gesandt war, Antonius Belehrung und Sicherheit zu geben. Und er hörte den Engel sprechen: „Mach es so und du wirst das Heil erlangen." Als er das hörte, wurde er von großer Freude und mit Mut erfüllt und mit durch solches Tun fand er Rettung.[21]

Auch allzu hohe und starre Ideale können dazu beitragen, dass einem Menschen das richtige Maß verloren geht und die Einbettung in die natürliche Ordnung schwer fällt. Gerade depressive Menschen leiden oft an einer unstabilen Selbsteinschätzung. Ein starres Einhalten von Regeln kann dann ein Schutz vor den Abgründen sein. Ein Leben „nach dem Buchstaben des Gesetzes" erschwert aber flexibles Handeln und erhöht die Gefahr der Selbstüberforderung. In besonderer Weise kämpfen manisch-depressive Kranke mit hohen Ansprüchen. Sie sind hin- und hergerissen zwischen Zeiten, in denen ihnen alles möglich scheint, und Zeiten, in denen sie sich total unfähig fühlen. Hier kann es therapeutisch besonders

137

Der Umgang mit depressiven Verstimmungen

hilfreich sein, zu einer maßvollen Selbsteinschätzung beizutragen. Augenmaß und Fingerspitzengefühl scheinen denn auch den Wüstenvätern wichtige Voraussetzungen zu sein, die eigene Herzensruhe zu finden. Davon handelt eine köstliche Geschichte von Antonius:

> *Da war einer, der in der Wüste nach wilden Tieren Jagd machte. Er sah, wie der Altvater Antonius mit den Brüdern Kurzweil trieb, und er nahm Ärgernis daran. Da nun der Greis ihm klar machen wollte, dass man sich zuweilen zu den Brüdern herablassen müsse, sprach er zu ihm: „Lege einen Pfeil auf den Bogen und spanne!" Er machte es so. Da sagte er zu ihm: „Spanne noch mehr!" Und er spannte. Abermals forderte er ihn auf: „Spanne!" Da antwortete ihm der Jäger: „Wenn ich über das Maß spanne, dann bricht der Bogen." Da belehrte ihn der Greis: „So ist es auch mit dem Werk Gottes. Wenn wir die Brüder übers Maß anstrengen, versagen sie schnell. Man muss also den Brüdern ab und zu entgegenkommen." ...*[22]

Wie man sich einschätzt und was einem im Leben wichtig ist, ist auch von der Zeitspanne abhängig, die einem Menschen noch zum Leben zur Verfügung steht. Wer krankheitshalber den Tod vor Augen hat, wird sein kurzes Leben anders gewichten und anders gestalten als einer, der vor Gesundheit strotzt und den Gedanken an den Tod weit von sich weist.

Das Wissen um den Tod verändert das Leben. Diese Einsicht hat die Wüstenmönche zu einer Kultur des *Memento mori* (Erinnere dich des Todes) geführt.

Fünfter Rat: Bewusstsein der eigenen Sterblichkeit

Das fünfte Heilmittel, das Evagrius zur Behandlung der *Akedia* empfiehlt, hat den *Gedanken an den Tod* zum Inhalt. Es ist in unserer Zeit, die Sterben und Tod möglichst aus dem Alltagsleben auszuklammern sucht, eher ungewohnt, den Gedanken an den Tod als etwas vorzustellen, was dem Leben dient. Noch ungewöhnlicher ist der Rat, zur Überwindung der depressiven Leere an den eigenen Tod zu denken.

> *Evagrius schreibt: „Unser verehrter Meister der Askese (gemeint ist Makarios der Große) sagte einmal, dass der Mönch immer so leben sollte, als würde er morgen sterben. Gleichzeitig aber sollte er seinen Leib so behandeln, als hätte er noch ein langes Leben vor sich. Denn, so sagte er, Ersteres wird ihm helfen, all das abzuwehren, was mit der Akedia zu tun hat, um in seinem mönchischen Leben immer eifriger zu werden. Letzteres wird aber seinem Leib die nötige Gesundheit erhalten für ein asketisches Leben."* [23]

Es geht also nicht um eine Todessehnsucht. Auch nicht darum, sich das Leben nach dem Tode vorzustellen. Es geht um das Hineinnehmen des Todes in das Leben. Das Bewusstsein des eigenen Todes soll das Leben hier und jetzt verändern. Es soll bewusst machen, dass jeder geschenkte Tag ein neues Leben

Der Umgang mit depressiven Verstimmungen

darstellt. Deshalb ist auch für den Leib zu sorgen, damit er dem Menschen möglichst lange diene.

Dass das Bewusstsein des Todes das verbleibende Leben nachhaltig verändern kann, hat der Psychotherapeut Irving Yalom in der Arbeit mit krebskranken Menschen eindrücklich erfahren. Er beschreibt in seinen Arbeiten, wie das Wissen um den bevorstehenden Tod zu einer Verwandlung führt. „Es trivialisiert sich, was am Leben trivial ist. Es führt dazu, nein zu sagen zu den unwichtigen Dingen." Dagegen wird die volle Aufmerksamkeit demjenigen zugewandt, was einem am Herzen liegt, „dem geliebten Menschen, der Erde, den wechselnden Jahreszeiten ...". Yalom ist der Auffassung, dass „das Wissen um den Tod in einer gewissen Weise die Neurose heilt ... Der physische Tod zerstört den Menschen. Aber die Idee des Todes kann Menschen retten." Irvin Yalom hat Krebskranke in den Therapiestunden, die er mit ihnen führte, wiederholt sagen hören: „Wie schade, dass ich so lange auf Weisheit warten musste, bis mein Körper von Krebs zerfressen war." [24]

Ein Väterspruch variiert diese Grunderfahrung nicht ohne Humor: Der Altvater Isaak fiel in eine schwere Krankheit und hatte lange mit ihr zu schaffen. Da machte ihm der Bruder einen Brei und mischte Pflaumen hinein. Der Alte wollte davon nicht kosten, doch der Bruder redete ihm zu: „Nimm ein bisschen, Vater, wegen der Krankheit." Der Greis erwiderte ihm: „Wahrhaftig, Bruder, ich wollte in dieser Krankheit dreißig Jahre verbleiben." [25]

Fünfter Rat: Bewusstsein der eigenen Sterblichkeit

Die Wüstenmönche versuchten, sich auch ohne tödliche Erkrankung den eigenen Tod möglichst deutlich vor Augen zu halten. Sie stellten sich ihn vor allem vor, wenn sie in Verdruss kamen oder sich gekränkt fühlten. Auf diese Weise suchten sie der erfahrenen Verletzung die Spitze zu nehmen. Heutzutage mag ein solches Vorgehen anachronistisch erscheinen. Viel eher stellt man sich den Tod als Erlösung von Verdruss oder gar als Rache an lieblosen Menschen vor, denn als rettenden Gedanken für das eigene Leben. Das mag auch damit zusammenhängen, dass der Gedanke an den Tod in unserer industrialisierten Gesellschaft insofern unerwünscht ist, als er Besitz und Macht als etwas relativiert, wofür sich nicht zu sterben lohnt.

Schluss

Wir sind in diesem Buch den inneren Einsichten der Wüstenväter gefolgt und haben dabei ihre Auseinandersetzung mit Ärger, Scham und Depression zum Anlass genommen, ihren Umgang mit menschlichen Problemen in den Grundzügen darzustellen. Dabei haben wir die Aussagen der Wüstenväter immer wieder mit modernen psychologischen Ansätzen verglichen.

Bei einem solchen Vorgehen darf nicht unberücksichtigt bleiben, dass die Wüstenväter unter völlig anderen geographischen, gesellschaftlichen und kulturellen Voraussetzungen gelebt haben, als wir dies heute tun. Sie haben ein einfaches Leben in wüstenähnlichen Verhältnissen geführt, während wir, eineinhalb Jahrtausende später, in einer städtisch ausgerichteten Überflussgesellschaft unter Zuhilfenahme unzählbarer technischer Hilfsmittel leben. Die meisten Wüstenväter haben weder Schulung noch Bildung genossen. Viele konnten nicht einmal lesen. Sie verfügten über einen winzigen Bruchteil der Informationen, die uns heute durch die verschiedensten Medien zugetragen werden.

Trotzdem fühlen sich heute immer mehr Menschen von den Erzählungen und Aussagen der Wüstenmönche angezogen. Es scheint, dass die Wüsten-

Schluss

väter etwas Grundlegendes im Menschen ansprechen. Sie behandeln Grundfragen des menschlichen Lebens, die trotz aller technisch-wissenschaftlichen Umwälzung gleich geblieben sind.

Allerdings kommt nicht erst seit heute auch die Frage auf: Was sollen uns denn diese kulturellen Analphabeten schon lehren können? Schon im 4. Jahrhundert n. Ch. wurde der gelehrte Arsenios gefragt: „Arsenios, nachdem du so große griechische und römische Bildung besitzest, wie kannst du da diesen Bauern über deine Gedanken befragen?" Er aber antwortete ihm (dem Fragenden): „Die römische und griechische Bildung habe ich in mir, aber das Alphabet dieses Bauern habe ich noch nicht gelernt."[1]

Das „Alphabet" der Wüstenväter entspricht keinem Schulwissen. Es drückt auch keine allgemeinen Maximen aus. Schon gar nicht lässt es sich zwischen zwei Buchdeckeln nach Hause tragen. So kann zum Schluss dieses Buches nicht genug betont werden, dass die Aussprüche der Wüstenväter das persönliche Erleben nicht ersetzen können. Sie zeugen von einer tiefen Selbsterfahrung, die in ihrer Ganzheitlichkeit nicht in Teile aufgebrochen und stückweise zum eigenen Besitz gemacht werden kann. Zweifelsohne ging es den Wüstenmönchen nicht ums Reden. Wenn sie dennoch knapp und trocken sprachen, wollten sie mit ihrer Rede auf das verweisen, was ihnen wichtig war, obwohl es letztlich nicht direkt sagbar, sondern nur gleichnishaft oder paradox anzudeuten ist.

Das, worauf sie verweisen, kann nicht vereinnahmt werden, um es zu besitzen. Es ist auch nicht durch vergleichende Beobachtungen statistisch zu

Schluss

fassen, weil es sich einer Perspektive von außen verschließt. Nur die Folgen sind äußerlich beobachtbar (etwa als äußerer Ausdruck der Gelassenheit, so wie der Wüstenvater Antonius nach seinen inneren Auseinandersetzungen den besorgten Mitmenschen als gelassener Mann gegenüber trat).

Zwischen den empirischen Daten einer modernen Wissenschaft und den inneren Einsichten der Wüstenväter klafft ein unüberwindbarer Graben. Der tiefe Eindruck, den die Wüstenväter durch ihre überlieferten Aussagen noch heute hervorrufen, darf deshalb moderne Menschen nicht dazu verleiten, deren Einsichten als psychologische Gesetze misszuverstehen. Es ist *eine* Sache, die Welt in ihrer biologischen oder sozialen Gesetzmäßigkeit zu studieren und sie gemäß den erkundeten Regeln zu beeinflussen. Es ist eine ganz *andere* Sache, einen achtsamen Zugang zu sich selbst zu suchen. Denn die Innenperspektive lässt sich nicht objektivieren und berechnen. Sie ist nur mit einer Art „primärer Reflexion" zu erfahren.

Die Unvereinbarkeit beider Zugänge – der Sicht von innen und von außen – zeigt sich beispielhaft in der Auseinandersetzung und im Umgang mit der *Akedia* (Überdruss) bzw. der Depression. Akedia und Depression sind Charakterisierungen des gleichen oder mindestens eng verwandten Geschehens, einmal von innen und einmal von außen betrachtet. Die Offenheit gegenüber der inneren Erfahrung führte die Wüstenväter dazu, die *Akedia* als Herausforderung anzunehmen und darin eine Versuchung zu sehen, die sowohl ins Verderben wie zur rettenden Einsicht führen kann.

Der moderne Eremit Gabriel Bunge schreibt als größter Kenner der Akedia-Lehre des Evagrius: „Der Überdruss, so wie Evagrius ihn versteht und darstellt, ist ein höchst komplexes und widersprüchliches Phänomen, ein Scheideweg gewissermaßen. Wer an diesen Punkt gerät, setzt, je nachdem wie er sich verhält, seinen Fuß entweder auf einen Weg, der ihn zum Tode führt, unmittelbar oder erst im Laufe der Zeit, oder auf einen Weg zum Leben".[2]

Die medizinische Sichtweise von außen führt heute dazu, die Depression ausschließlich als krankhafte Veränderung des Stoffwechsels zu sehen und dieses Geschehen als unerwünschte Störung z.B. mit Medikamenten zu behandeln.

Damit steht der moderne Mensch vor dem Dilemma, den einen oder den anderen Zugang zu wählen. Wer beides versucht, muss sich bewusst sein, dass er sich auf zwei parallelen Geleisen bewegt, die in der Endlichkeit nicht zusammenkommen. Er ist also gezwungen, im „Sowohl-als-auch" eine spannungsvolle Komplementarität auszuhalten. Er kommt auch nicht darum herum, einmal nach dem einen, dann wieder nach dem anderen Ansatz zu handeln. Sich in schwerer Depression der medizinischen Hilfe zu verschließen, kann lebensgefährlich sein. Sich im Alltag nicht der Herausforderung der *Akedia* zu stellen, kann in die Entfremdung von sich selbst führen.

Das eine zu tun und das andere nicht zu lassen und beides zum richtigen Zeitpunkt zu machen, setzt die „Gabe der Unterscheidung" voraus – um einen Begriff

Schluss

der Wüstenmönche zu gebrauchen. Die Menschen streben im Allgemeinen danach, eine umfassende Wahrheit zu finden, nach der sie sich richten können. Diesem Bedürfnis steht aber entgegen, dass der Mensch gleichsam in zwei Welten lebt. Er kann sich weder allein auf die Welt der Objekte bzw. seinen Körper noch allein auf die Welt der geistig-seelischen Kultur bzw. sein Erleben verlassen. Selbst wenn beide, die objektive und die subjektive Welt, letztlich nur zwei Aspekte eines einen und größeren Ganzen sein mögen, sind dem Menschen zwei Zugänge gegeben, die er beide zu gebrauchen hat, um das Leben bestehen zu können.

Heute läuft der seelisch-geistige Zugang Gefahr, von der materialistischen Perspektive verdrängt zu werden. Das trifft auch auf die moderne akademische Psychologie und Psychiatrie zu. Werden aber nicht beide Zugänge benutzt, verkümmert der Mensch und stellt sich schließlich selbst in Frage. Denn zum analysierbaren Objekt gemacht und auf einen „Datenträger" reduziert, kommt ihm auch das abhanden, was ihn letztlich zum Menschen macht.

Die Wüstenmönche haben sich auf ihr Leben konzentriert. Sie haben den Gedanken an den Tod genutzt, um sich ihres erfahrbaren Lebens besonders bewusst zu werden. Das Bewusstsein um den bevorstehenden Tod war ihnen Anlass, Wichtiges von Unwichtigem zu unterscheiden und sich Moment für Moment dem ihnen Wichtigen zuzuwenden. Es scheint mir gerade diese innere Haltung zu sein, die die Wüstenväter in unserer spätmodernen Zeit, die an einem Wendepunkt steht, so anregend und herausfordernd macht.

Anmerkungen

Einleitung

1 Bonifaz Miller: Weisung der Väter, Apophthegmata patrum, Trier, 4. Aufl. 1998, 1
2 Ebd., 582
3 Thomas Merton: Die Weisheit der Wüste, Frankfurt/Main 1999, S. 50
4 Miller, a.a.O., 731
5 Ebd. 386
6 Gertrude Sartory (Hrsg.): Lebenshilfe aus der Wüste, Freiburg 1980, S. 10
7 Miller, a.a.O., 133
8 Ebd. 903
9 Ebd. 1007
10 Ebd. 398
11 Gerd Heinz-Mohr: Weisheit aus der Wüste, Frankfurt/Main 1989, S. 19
12 Gabriel Bunge: Akedia, Köln 1983, S. 30
13 Ebd. S. 104

Kapitel 1

1 Hans Conrad Zander: Als die Religion noch nicht langweilig war, Köln 2001
2 Ebd., S. 9
3 Athanasius: Das Leben des heiligen Antonius, Kempten/München 1971, 70 S.
4 Miller, a.a.O., 987
5 Ebd. 602
6 Ebd. 1103

Anmerkungen

7 Ebd. 4 und 5
8 Ebd. 328
9 Ebd. 1074
10 Ebd. 391
11 Evagrius Ponticus: Briefe aus der Wüste, Trier 1986, Brief 11.
12 Miller, a. a. O., 557
13 Anselm Grün: Geistliche Begleitung bei den Wüstenvätern, Münsterschwarzach 1991, S. 48.
14 Erich Fromm: Vom Haben zum Sein. Wege und Irrung der Selbsterfahrung, München 1997, S. 25/26
15 Zitiert nach Heinz-Mohr, a. a. O., S. 22
16 Fromm, a. a. O., S. 135
17 Fromm, a. a. O., S. 136
18 Sigmund Freud, Gesammelte Werke, Frankfurt/Main 1969–1975, Bd. 7, S. 207 f.
19 Miller, a. a. O., 207
20 Ebd., 18
21 Ebd., 305
22 Ebd., 311
23 Ebd., 525
24 Anselm Grün, Geistliche Begleitung bei den Wüstenvätern, a. a. O., S. 61
25 Miller, a. a. O., 636
26 Ebd., 776
27 Ebd., 500
28 Ebd., 165
29 Ebd., 385
30 Ebd., 6
31 Ebd., 1127
32 Evagrius Ponticus: Praktikos, Münsterschwarzwach 1997, S. 50
33 Miller, a. a. O., 1122 und 385
34 Ebd., 1158

Anmerkungen

Kapitel 2

1 Miller, a.a.O., 332
2 Ebd., 666
3 Ebd., 687
4 Ebd., 722 und 731
5 Gertrude und Thomas Sartory: Weisung in Freude, Freiburg 1986, S. 70
6 Miller, a.a.O., 122
7 Sartory, a.a.O., S. 69f.
8 Helen Block Lewis, The Role of Shame in Symptom Formation, Hillsdale 1987, S. 16
9 Martin Buber, Der Weg des Menschen nach der chassidischen Lehre, Gerlingen 1994, S. 42
10 Miller, a.a.O., 402
11 Doris Bischof-Köhler: Spiegelbild und Empathie, Bern 1993
12 Miller, a.a.O., 7
13 Ebd., 625
14 Ebd., 771
15 Ebd., 801
16 Evagrius Ponticus, Praktikos, a.a.O., 57, S. 57
17 Miller, a.a.O., 228
18 Ebd., 282
19 Ebd., 269
20 Evagrius Ponticus, Praktikos, a.a.O., 13, S. 40
21 Anselm Grün: Der Umgang mit dem Bösen, Münsterschwarzach, 10. Aufl. 1997, S. 41

Kapitel 3

1 Miller, a.a.O., 1136
2 Verena Kast: Vom Sinn des Ärgers, Stuttgart 1998, S. 19
3 Evagrius Ponticus, Praktikos, a.a.O., 11, S. 38, Hervorhebungen D. H.
4 Miller, a.a.O., 997 und 220
5 Ebd., 904
6 Evagrius Ponticus, Praktikos, a.a.O., 23, S. 43

Anmerkungen

7 Miller, a.a.O., 320
8 Evagrius Ponticus, Praktikos, a.a.O., 24, S. 44
9 In: The Indianapolis Star, 19. Nov. 1997
10 Miller, a.a.O., 920, 921
11 Ebd., 667
12 Ebd., 359
13 Ebd., 358
14 Evagrius Ponticus: Praktikos, a.a.O., 21, S. 43
15 Antirrheticus magnus V, 64
16 Miller, a.a.O., 779

Kapitel 4

1 Evagrius Ponticus, Praktikos, a.a.O., 12, S. 38
2 Anselm Grün, Der Himmel beginnt in dir, Freiburg 2000, S. 78
3 Gabriel Bunge: Akedia, a.a.O., S. 39.
4 Ruedi Josuran/Verena Hoehne/Daniel Hell: Mittendrin und nicht dabei, München 2001, S. 53
5 Gabriel Bunge: Akedia, a.a.O., S. 45
6 Ebd. S. 46
7 Freud, Gesammelte Werke, a.a.O., Bd. 10, S. 434
8 Gabriel Bunge: Akedia, a.a.O., S. 73
9 Evagrius Ponticus, Praktikos, a.a.O., 28, S. 45
10 Ebd., 89, S. 66/67
11 Ebd., 12, S. 39
12 Athanosius: Leben des heiligen Antonius, Kempten/München 1971, S. 43.
13 Evagrius Ponticus, a.a.O., 28, S. 45
14 Miller, a.a.O., 500
15 Ebd., 49
16 Antirrheticus magnus VI, 24
17 Ingrid Weber-Gast: Weil du nicht geflohen bist vor meiner Angst, Mainz 1989, S. 32 f.
18 Evagrius Ponticus, Praktikos, a.a.O., 27, S. 45
19 Gabriel Bunge: Akedia, a.a.O., S. 86
20 Anselm Grün: Der Umgang mit dem Bösen, a.a.O., S. 70
21 Miller, a.a.O., 741

Anmerkungen

22 Ebd., 1
23 Ebd., 13
24 Evagrius Ponticus: Praktikos, a.a.O., 29, S. 45/46
25 Irving Yalom, Existential Psychotherapy and religious Consolation, New Orleans 2001
26 Miller, a.a.O., 381

Schluss

1 Miller, a.a.O., 44
2 Gabriel Bunge: Akedia, a.a.O., S. 104

Dank

Dieses Buch ist einer Initiative von Dr. Rudolf Walter vom Verlag Herder zu verdanken. Er hatte von meiner Beschäftigung mit dem *Akedia*-Konzept der Wüstenmönche gehört und mich daraufhin spontan angefragt, ein Buch über die Wüstenväter als Therapeuten zu schreiben. Diese Aufforderung hat mich angeregt, die Beratungspraxis der Wüstenmönche vertiefter zu studieren und einzelne Elemente ihrer Vorgehensweise und ihres Menschenbildes mit heutigen Praktiken und Vorstellungen in Psychologie und Psychiatrie zu vergleichen. Ich verdanke dieser Auseinandersetzung manche Anstöße für meine Lebensgestaltung und berufliche Tätigkeit.

Das vorliegende Buch spiegelt aber auch eine vorgängige, jahrelange Auseinandersetzung mit Grundfragen meiner psychotherapeutischen und psychiatrischen Tätigkeit wider. Manches Erfahrungsgut und Wissensstoff, die ich für ein anderes Werk gesammelt habe, finden ihren Niederschlag im vorliegenden Buch. Beim Studium der *Apophthegmata patrum* war ich manchmal überrascht, in den überlieferten Metaphern und Geschichten eindrückliche Illustrationen für eigene Vorstellungen zu finden. So ist denn auch die Auswahl der Vätersprüche im vorliegenden Werk von meinem eigenen Interesse geleitet.

Dank

Bei der Entwicklung meiner Grundgedanken war mir das klärende Mitdenken vieler Freunde, Klinikmitarbeitenden sowie Patientinnen und Patienten eine große Hilfe. Namentlich möchte ich mich bei Frau Barbara Küchenhoff und Dr. Jerome Endrass für ihre eminent wichtigen und ordnenden Anregungen bedanken.

Das vorliegende Buch lebt von einem religiösen Grundverständnis, das mir hauptsächlich meine verstorbenen Eltern vermittelt haben. Sie haben eine christliche Religiosität gelebt, die mir nicht zum Anstoß, sondern zum tragenden kulturellen Erbe geworden ist.

Frau Judith Mayer hat das vorliegende Buch hervorragend und liebevoll lektoriert. Frau Margrit Milz und Frau Inge Mittelholzer haben meine Kapitelentwürfe nicht nur sorgfältig niedergeschrieben, sondern auch zu zahlreichen Verbesserungen angeregt.

Von Herzen möchte ich abschließend meinen Angehörigen und den mir nahestehenden Menschen danken, die mein Schreiben mitgetragen und unterstützt haben.

Daniel Hell, im November 2001

Literatur

Athanasius: Leben des heiligen Antonius, übers. v.H. Mertel, Kempten/München 1971

Averill, James: Anger and aggression: An Essay on emotion. New York (Springer) 1982

Bischof-Köhler, Doris: Spiegelbild und Empathie. Bern (Hans Huber) 1993

Block Lewis, Helen: The role of shame in symptom formation. Hillsdale (Erlbaum) 1987

Buber, Martin: Der Weg des Menschen nach der chassidischen Lehre. Gerlingen, 1994 (Verlag Lambert Schneider)

Bunge, Gabriel: Akedia; Die geistliche Lehre des Evagrios Pontikos vom Überdruss. Köln 1983 (Luthe-Verlag)

Evagrius, Ponticus: Briefe aus der Wüste, Übers. Gabriel Bunge, Trier (Paulinus) 1986

Evagrius, Ponticus: Antirrheticus magnus. Die große Widerrede, übers. P. Leo Trunk. Abtei Münsterschwarzach 1992

Evagrius, Ponticus: Praktikos. Über das Gebet. Schriften zur Kontemplation 2, Münsterschwarzach: Vier-Türme-Verlag 1997

Freud, Sigmund: Gesammelte Werke in Einzelbänden. Frankfurt/Main (S. Fischer Verlag), 1969–1975

Fromm, Erich: Haben oder Sein. München (Deutscher Taschenbuch Verlag), 2000

Fromm, Erich: Vom Haben zum Sein. Wege und Irrwege der Selbsterfahrung. Hrsg. R. Funk. München 1997 (Wilhelm Heyne Verlag)

Grün, Anselm: Der Himmel beginnt in dir. Das Wissen der Wüstenväter für heute. Freiburg (Herder) 5. Aufl. 2000

Grün, Anselm: Der Umgang mit dem Bösen. Der Dämonenkampf im alten Mönchtum. Münsterschwarzacher Klein-

Literatur

schriften 6. Münsterschwarzach (Vier-Türme-Verlag), 10. Aufl. 1997

Grün, Anselm: Geistliche Begleitung bei den Wüstenvätern. Münsterschwarzacher Kleinschriften 67. Münsterschwarzach (Vier-Türme-Verlag), 1991 Frankfurt/Main

Heinz-Mohr, Gerd (Hrsg): Weisheit aus der Wüste; Worte der frühen Christen. (Insel), 1989

Hell, Daniel: Welchen Sinn mach Depression? Reinbek Rowohlt TB, 7. Aufl. 2000

Heussi, Karl: Der Ursprung des Mönchtums. Tübingen 1936

Josuran, Ruedi, Hoehne, Verena, Hell, Daniel: Mittendrin und nicht dabei; Mit Depressionen leben lernen. München (Econ Taschenbuch) 2001

Jung, Carl Gustav: Studienausgabe in 20 Bänden, Olten (Walter-Verlag), 1972

Kast, Verena: Vom Sinn des Ärgers; Anreiz zu Selbstbehauptung und Selbstentfaltung. Kreuz Verlag Stuttgart 1998

Merton, Thomas: Die Weisheit der Wüste. Frankfurt/Main (Fischer Taschenbuch Verlag), 1999

Miller, Bonifaz: Weisung der Väter. Apophthegmata Patrum. Trier (Paulinus) 1986

Sartory, Gertrude (Hrsg.): Lebenshilfe aus der Wüste; Die alten Mönchsväter als Therapeuten. Freiburg (Herder) 1980

Sartory, Gertrude und Thomas (Hrsg.): Weisung in Freude, Aus der jüdischen Überlieferung;, Verlag Herder, Neuausgabe 1986

Weber, Gast J.: Weil du nicht geflohen bis vor meiner Angst, Neuausgabe Mainz (Grünewald), 1989

Yalom, Irvin: Existential psychotherapy and religious consolation: Convergence and divergence. Audiotape des Vortrages am APA-Meeting, New Orleans 2001

Zander, Hans Conrad: Als die Religion noch nicht langweilig war; Die Geschichte der Wüstenväter. Köln 2001 (Kiepenheuer & Witsch)

HERDER bücherei

Lebenskunst und Selbstfindung

Gerd B. Achenbach
Das kleine Buch der inneren Ruhe
Band 4972

Eine Auswahl inspirierender, tiefgründiger Texte aus der reichen
Tradition philosophischer Lebenspraxis zeigt, dass es möglich ist,
innezuhalten und sein inneres Gleichgewicht zu bewahren.

Gerd B. Achenbach
Lebenskönnerschaft
Band 5123

Wie führe ich mein Leben, damit es sinnvoll und lebenswert ist?
Worauf es ankommt, sind die existenziellen Herausforderungen und das
Wissen, was wirklich wichtig ist. Dem Könner des Lebens wird der
„Lebenslauf" zum „Lebensweg".

Eugen Drewermann
Das Eigentliche ist unsichtbar
Der Kleine Prinz tiefenpsychologisch gedeutet
Band 4894

Ist es der ewige Traum verlorener Kindheit, der Saint-Exupérys Kleinen
Prinzen so faszinierend macht? Mit dem Bestsellerautor Eugen
Drewermann auf Reisen zu sich selbst.

Erich Fromm
Die Kunst des Lebens
Zwischen Haben und Sein
Band 4917

Ein lebenspraktisches Buch über die Kunst, tiefer zu leben.

Willigis Jäger
Die Welle ist das Meer
Mystische Spiritualität
Band 5046

Mystik, was ist das – ganz praktisch? Eine Sicht, die enge Grenzen
sprengt und den tiefen Reichtum auch anderer religiöser Kulturen
erschließt.

HERDER spektrum

Willigis Jäger
Geh den inneren Weg
Texte der Achtsamkeit und Kontemplation
Band 4862
Willigis Jäger ist einer der bedeutendsten spirituellen Lehrer unserer Zeit:
tief verwurzelt mit einem kontemplativen Christentum und vertraut mit
dem radikalen Weg der östlichen Leere.

Nossrat Peseschkian
**Wenn du willst, was du noch nie gehabt hast, dann tu,
was du noch nie getan hast**
Geschichten und Lebensweisheiten
Band 5201
Den Blick öffnen für ganz neue, befreiende Lebensmöglichkeiten.

Ulrich Schaffer
Verwurzelt wie ein Baum oder Wachsen ins Leben
Band 5184
Ulrich Schaffer geht der Symbolkraft des Baumes nach: Poesie und
Inspiration, die einlädt, in unsere einmalige Gestalt hineinzuwachsen.

David Steindl-Rast
Fülle und Nichts
Von innen her zum Leben erwachen
Band 5026
Der inspirierende und tief berührende Klassiker unter den modernen
Meditationsbüchern.

Ken Wilber
Vom Tier zu den Göttern
Die große Kette des Seins
Band 5215
Lebenspraktische Texte von dem Vordenker eines neuen, ganzheitlichen
Weltbildes.

HERDER spektrum